単元計画から
ルーブリックまで
すべてわかる！

小学校国語の
パフォーマンス評価

藤原隆博
著

明治図書

はじめに

　文学作品の単元が終了した，ある日の放課後。
　子供のノートを読みながら…

　「おお，初発の感想から随分と内容が変わった！　子供ってすごいなぁ。
　　たった１つの単元で，グンと成長していくんだから」

　教室で１人，２週間前のノートに書かれた「初発の感想」と，その日書か
せたばかりの「結びの感想」を読み比べながら，子供の成長をしみじみと実
感していたとき，不意に問いが生まれました。

　「…待てよ。いくら教師の自分が子供の成長を実感しても，学んだ本人が
　　自分の成長を実感できていなければ，意味がないんじゃないか？」

　子供は，毎日様々な教科を学び，休み時間には体を動かし，教師や友だち
とのかかわりに心弾ませて，「今，ここ」を生き続けています。
　そう，１日前のことは過去の出来事。もう，１週間前のことは昔の出来
事。２週間前のことは…，もはや歴史上の事実です。
　何か手を打たない限り，１つの教科の１つの単元を学習し終えたころに，
学習し始めたころの自分の出来具合のことなど，忘れてしまうということで
す。「どれだけ成長したか」。このことを，自分自身が実感できていないとし
たら，これほどもったいないことはないはずです。
　何とかならないものか…。様々な手を考え，先行研究を調べましたが，そ
の時点では，有効な手だてが見つかりませんでした。
　それから数年ほど経った後，東京学芸大学教職大学院に現職教員の立場で
派遣研修の機会をいただいた際に出合ったのが，「パフォーマンス評価」で
した。渡辺貴裕先生が講義の中でお話しされたことを，今でも覚えていま

す。パフォーマンス評価は，プレ（学習前）とポスト（学習後）の２回行うことで，一定条件の中での学習効果が明らかになるというのです。講義の後，先行研究を調べ実践を重ねていく中で，パフォーマンス評価は子供たちが自分自身の成長を実感するうえで，有効な手だてとなるのではないかと思いました。

　もし，プレ（学習前）とポスト（学習後）に行うパフォーマンス評価が，１枚の紙に表れていたら…。子供がこれを基に自己評価を行ったとしたら…。いくつもの閃きが浮かんでは消え，消えては浮かぶ中で，ついに結実したのが，本書に登場する「感想文チャート」です。これをきっかけに，様々なチャート（ワークシート）が誕生しました。

　藤原学級の子供たちは，新たなチャートを見るたび，いつも輝く眼差しで

　「先生，今度は何チャートなの？　これ，どうやって使うの？」

　「先生，このチャート，おもしろそうだねぇ。早くやってみたい！」

と，ひたむきに取り組んでくれました。本当に，どうもありがとう。私が本書を書くことができたのは，あなたたちがいてくれたからです。あなたたちの笑顔と，学びを実感する姿が，私に力を与えてくれたのです。

　独立行政法人・国立青少年教育振興機構が2017年９月～11月に行った国際比較調査では，日本の高校生の自己肯定感は米国・中国・韓国と比較しても著しく低い，という結果が出ています（「私は価値のある人間だと思う」という項目に対して「そうだ」「まあそうだ」と回答した日本の高校生は44.9％。米国は83.8％，中国は80.2％，韓国は83.7％）。日本の子供たちは，もっと自分自身の成長について自信をもっていいと思います。そのためには，自分の成長点や課題点を客観的に眺められる方法が必要です。

　本書は，子供が自身の成長を実感できる方法についての１つの提案です。

2019年２月

藤原　隆博

もくじ

第1章
子供の伸びを確かに見取る！
本書で提案するパフォーマンス評価とは

 1 単元開始直後 009
 2 単元の終末 010
 3 パフォーマンス評価とルーブリック 011

第2章
単元計画からルーブリックまですべてわかる！
定番教材のパフォーマンス評価実践例

「たんぽぽの不思議」を伝え合おう！
【2年／たんぽぽ】
—016—

音読・感想名人になろう！
【2年／お手紙】
—028—

条件に合わせて感想を書こう！
【3年／のらねこ】
ー040ー

1人1分間の音読大会を開こう！
【3年／モチモチの木】
ー052ー

ＫＰ法で町の行事を発表しよう！
【3年／町の行事について調べよう】
ー064ー

1人1分間の「語り」大会を開こう！
【3年／おにたのぼうし】
ー076ー

「夏みかんチャート」で読みを深めよう！
【4年／白いぼうし】
ー088ー

「バタフライチャート」で読みをまとめよう！
【4年／花を見つける手がかり】
ー100ー

「コスモスチャート」で読みを深めよう！
【4年／一つの花】
ー112ー

1人1分間の「ごんぎつねスピーチ」で読みを伝えよう！
【4年／ごんぎつね】
ー124ー

第1章
子供の伸びを確かに見取る！
本書で提案する
パフォーマンス評価とは

国語科では，単元の学習を通じて，言語能力を高めるために様々な言語活動を仕組んでいきます。子供たちには，単元を通じて，「言葉の力が高まったぞ！」という確固たる自信をもたせたいものです。

　そのための手段がワークテストだけでは十分とは言えません。また，教師の「力がついたよ。がんばったね！」という励ましの声かけだけでも，子供にとっては心許ないものでしょう。

　では，どうしたらよいのでしょうか。

　筆者は，本書を通じて，**単元の開始直後と終末の２度，パフォーマンスの機会を位置づけたパフォーマンス評価（チャート学習）**を提案します。

　下の「音読チャート」をご覧ください。

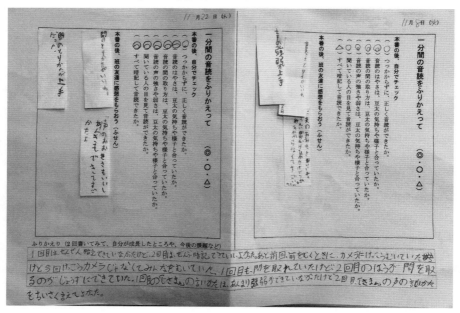

　これは，単元の終末に音読発表会を行った際，筆者の学級で実際に使用したものです。右部分と左部分が，同じ項目を記入する構成になっていることに気づかれたでしょうか。また，下段部分には「ふりかえり」欄があります。

　なぜこのような構成になのかも含め，この実践についてご説明します。

1 単元開始直後

チャートの右側部分を行うのは，単元が始まった直後です。

音読ですから，読みの浅い段階では，恐らくスムーズに読める子は少ないものです。自己評価をさせると，自己肯定感の高過ぎる子供（おそらく，適切な自己評価とは言えない可能性が高い）以外は，○か△をつけることが多くなります。

自己評価の観点には，次のような項目があげられています。

> （　　）つっかからずに，正しく音読ができたか。
> （　　）音読のはやさは，豆太の気持ちや様子と合っていたか。
> （　　）音読の間の取り方は，豆太の気持ちや様子と合っていたか。
> （　　）音読の声の強さや弱さは，豆太の気持ちや様子と合っていたか。
> （　　）聞いている人の目を見て音読ができたか。
> （　　）すべて暗記して音読できたか。

これらは，教師が単元を通じて高めたいと考える言語能力を子供に自己評価をさせ，次の学習に向けためあてを見通せるようになることをねらっています。

「△がついた部分は，学校だけでなく，家でしっかり練習しよう」

「○がついた部分は，もう少し丁寧に音読をすれば◎をつけられるぞ！」
などと，前向きな発言が子供たちの中から聞こえてきたら，すかさずほめます。すると，子供たちは明日からの学びに主体的に取り組もうとするようになります。

第1章　本書で提案するパフォーマンス評価

2 単元の終末

　そして，2週間の学習を積み重ねた単元の終末。

　再び音読を行う日が来ました。クラスで「音読大会」を行う日です。

　子供たちに再び音読チャートを配付し，自分の音読が終わった後に自己評価をさせます。

「やった！　1回目のときよりも上手になったぞ」

「暗記して覚えちゃったから，1回目よりもレベルアップしたよ」

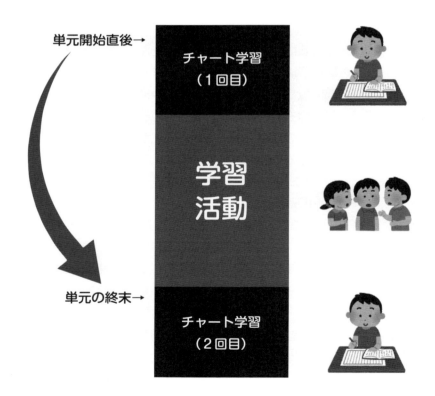

2回のチャート学習を位置づけた単元のイメージ

子供たちのうれしそうな声が聞こえてきます。一人ひとりが，自分自身の成長を実感します。

　一方で，

「1回つっかかっちゃったから，今度音読大会をするときは，もっと上手になりたい」

「間を空けて，大事な会話文をもっと気持ちを込めて読みたい」

などと課題を書くことも大切です。

　単元を通じた成果を実感しながら，課題を見据えて次の単元に向かおうとする態度は，「主体的・対話的で深い学び」を生むために必要です。

3　パフォーマンス評価とルーブリック

　さて，このチャート学習は，一般的には「パフォーマンス評価」と呼ばれるものです。

　パフォーマンス評価とは，一体何でしょう。田中（2017）によると「パフォーマンス評価とは，朗読，演技，スピーチ，プレゼンテーション，実験（器具の組み立てなど），演奏，歌唱，運動，調理，ものづくりなどの実演的活動を行わせ，そこで示された技能の熟達度や知識の活用度について評価する方法」です（田中博之『実践事例でわかる！　アクティブ・ラーニングの学習評価』（学陽書房，2017年）88ページ）。

　筆者は，パフォーマンス評価を行う場合，単元の学習の前と後の2度行うことが望ましいと考えています。2度行うことで，単元の学習によって獲得した知識・技能をより的確に見取ることができ，「ふりかえり」を通して，子供自身も学習の効果を実感することができるからです。

　パフォーマンス評価を行う際に用いる課題は，「パフォーマンス課題」と呼ばれます。

　例として，「話すこと・聞くこと」「書くこと」「読むこと」で，以下のように分類して示しました。

第1章　本書で提案するパフォーマンス評

●主に「話すこと・聞くこと」のパフォーマンス課題の例

- ・１分間スピーチと他者のスピーチの聞き取りメモ（全２回）
- ・ポスターセッション
- ・パネルディスカッション
- ☆ ＫＰ法によるプレゼンテーション

●主に「書くこと」のパフォーマンス課題の例

- ・創作叙事詩と解題
- ・創作俳句と解題
- ・創作短歌と解題
- ・○○について，漢字一文字と解説
- ・事前事後・学習新聞づくり
- ・ビフォア＆アフター・リーフレットづくり
- ・ビフォア＆アフター・パンフレットづくり
- ・幼虫から成虫へ変身！　なりきり日記
- ・付箋紙２枚！　１日体験学習エスノグラフィー（導入とまとめ）

●主に「読むこと」のパフォーマンス課題の例

- ☆200文字程度の感想文（初発の感想と結びの感想）
- ☆200文字程度の要約文（初発の感想と結びの感想）
- ・200文字程度の要約感想文（共通学習材と選択学習材）
- ☆１分間の音読
- ☆１分間の「語り」
- ☆文学的な文章の感想，１分間スピーチ

☆は本書で紹介している実践です。

　パフォーマンス課題を用いる場合，客観的な学習評価を行うことができるように，「ルーブリック」と呼ばれる観点別の段階評価表が用いられます。

	知識・技能	思考力・判断力・表現力等	主体的に学習に取り組む態度
◎	・行動や会話文，心内語を各場面から見つけて，登場人物の秘められた思いを想像する根拠にしている。 ・見つけた叙述をあげて根拠にするだけでなく，対比したうえで言えることを書き表している。	・行動や会話文，心内語を精査・解釈したことを基に，具体的に想像できている。 ・自分の経験を作品の感想と関連づけながら書くことができている。 ・一人ひとりの感じ方によって違いや共通点があることに気づいている。	・叙述を基に想像したことを，意欲的に友だちと伝え合おうとしている。 ・友だちの表現から，行動や会話文，心内語を精査・解釈し，進んで想像しようとしている。
○	・行動や会話文，心内語を一場面から見つけて，感想の根拠にしている。 ・見つけた叙述を対比し，感想の根拠にしている。	・行動や会話文，心内語への解釈を基に，想像できている。 ・自分の経験を作品の感想の中で書くことができている。 ・一人ひとりの感じ方によって違いがあることに気づいている。	・叙述を基に想像したことを，友だちと伝え合おうとしている。 ・友だちの表現から，行動や会話文，心内語を精査・解釈し，想像しようとしている。
△	・行動や会話文，心内語を感想文の根拠にしていない。	・行動や会話文，心内語への解釈を示さない。 ・自分の経験を作品の感想の中で書いていない。	・友だちと伝え合おうとしている。 ・行動や会話文，心内語を踏まえずに想像している。

「一つの花」におけるパフォーマンス評価のルーブリック（本書 p112 から実践

ルーブリックには，観点別，達成状況別に評価の指標が書かれており，これに基づいて子供のパフォーマンスを評価することで，評価の妥当性や信頼性を担保することができます。

　ルーブリックに書かれた文言を子供が理解できるのであれば，子供自身が自己評価を行うこともできます。

　教室の中で，教師が，

　「〇〇さんの作品はすばらしいです」

などと，特定の子供を称賛することがあります。このとき，ルーブリックに基づく称賛をしていなければ，子供には称賛された理由は伝わりません。ましてや，他の子と自分を比較して，漠然と「自分はあの子よりも劣っているんだ」といった自己評価をしていたら，大きな問題です。子供が，

　「今回の…の学習は，ルーブリックによると〇だ。次は…をして，◎になりたい！」

などと，次の学習に向けて，めあてをもてるような振り返りを行いたいものです。

　次章では，単元の開始直後と終末の2度，パフォーマンスの機会を位置づけた，定番教材のパフォーマンス評価（チャート学習）の具体例を提案します。

第2章
単元計画からルーブリックまですべてわかる！
定番教材のパフォーマンス評価
実践例

2年／たんぽぽ

「たんぽぽの不思議」を
伝え合おう！

1　単元計画（11時間）

次／時	学習活動	・指導／●評価
第1次 1時 〜 4時	1　たんぽぽについて知っていること を交流し，学習課題を確かめ，学習の見通しを立てる。 2　「たんぽぽ」を4つの意味段落に分け，小見出しをつける。 3　おもしろいと思ったこと，不思議に思ったことを，「たんぽぽチャート」に書く。（1回目） 4　「たんぽぽチャート」（2回目）に向け，学習計画を立てる。	・おもしろい，不思議を条件とする。 ●説明文「たんぽぽ」を楽しみながら読んでいる。（観察） ●叙述を基にして，考えたことを書いている。（たんぽぽチャート）
第2次 5時	「たんぽぽがじょうぶなわけは，何だろう」 1　本時のめあてをもつ。 2　小集団・集団で話し合い，課題解決を行う。 3　学習を振り返る。	・たんぽぽが丈夫なわけが書かれているところを本文から探し，サイドラインを引くよう指導する。 ・文全体にサイドラインを引くのではなく，言葉に着目してサイドラインを引くよう伝える。 ●たんぽぽが丈夫な草である理由と，根の様子を読み取っている。（発言・ノート）
6時	「たんぽぽの花のしくみは，どうなっているのだろう」 1　本時のめあてをもつ。 2　小集団・集団で話し合い，課題解決を行う。 3　学習を振り返る。	・時を表す言葉に着目させ，教科書にサイドラインを引くよう，指導する。 ・見つけた時を表す言葉を順序通りに板書し，時間の経過による花の仕組みを考えやすいようにする。 ・花はどうなるのかがわかるところにサイドラインを引くよう，指導する。 ●時を表す言葉に着目し花の開閉の変化を読み取っている。（発言・ノート）

016

7時	「たんぽぽは，どうやって仲間を増やすのだろう」 1　本時のめあてをもつ。 2　小集団・集団で話し合い，課題解決を行う。 3　学習を振り返る。	・仲間の増やし方をわかりやすくするために，「実の様子」「茎の様子」「綿毛の様子」に分けて考えさせる。 ・教科書の「実の様子」「茎の様子」「綿毛の様子」がわかるところにサイドラインを引くよう指導する。 ・実の成熟までの様子と茎の変化との関係，綿毛が開いて飛んでいく様子を時間の経過に沿って読み取らせる。 ●綿毛が開いて飛んでいくまでの様子を，時間の経過に合わせて，読み取っている。（発言・ノート）
8時 〜 9時	1　教材文「たんぽぽ」を詳しく読み取っても解決しなかった「不思議なこと」を班ごとに分担して調べ，解決していく。 ・どうして綿毛は晴れた日に開くのか。 ・どうして夕方になると，花が閉じるのか。 ・どうして実が熟すまで茎は低く倒れているのか。 ・どうしてわざわざ小さな花を集めて，1つの花のように見えるつくりになっているのか。 ・どうして種ができると，茎は起き上がって高く伸びるのか。 ・どうしてたんぽぽは，春に花を咲かせるのか。 ・なぜ，たんぽぽは綿毛になるのか。 2　小集団で課題解決する。 3　学習を振り返る。	・1つの班で1つの「不思議なこと」を担当し，疑問を解決するよう，指導する。 ・子供が「不思議なこと」を解決することができる資料を用意しておく。 ●担当する「不思議なこと」を解決するために，資料から読み取り，話し合っている。（観察・ワークシート）
10時	1　班ごとに調べた，たんぽぽの不思議を伝え合う。 2　学習を振り返る。	・調べたことを責任をもって友だちに伝えることができるように，発表者1人に対して，聞き手が6人前後になるよう，場の工夫をする。 ●担当する「不思議なこと」をみんなに伝えている。（観察・ワークシート）
11時	1　「たんぽぽ」を読んだ感想を「たんぽぽチャート」に書く。（2回目） 2　1回目，2回目の記述内容の変化を振り返る。	・おもしろい，不思議を条件とする。 ・自分自身の感想文の変容をどう捉えるか，1回目との違いを省察させる。 ●叙述を基にして，考えたことを書いている。（たんぽぽチャート）

2　パフォーマンス評価の概要

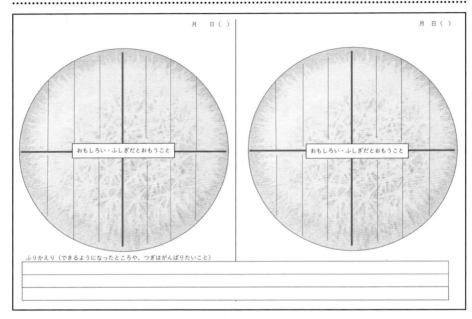

たんぽぽチャート

　「たんぽぽチャート」は，単元のはじめに行う初発の感想（図の右側）と，学習計画を進めた後，単元の終盤に行う，結びの感想（図の左側）を視覚的に一望できる構成のチャートです（たんぽぽの綿毛部分は自分の感想と友だちの感想を記述します）。

　このような構成にすることで，初発の感想を書いたころよりも，作品に対する感想が精査・解釈を深めた記述になることを子供が対話を通じて実感できるようになります。自分の感想文の変化を振り返ることができるように，振り返りの欄（図の下段）も用意してあります。

　「たんぽぽチャート」のパフォーマンス課題は，次ページの通りです。

> 「たんぽぽ」を読んで，おもしろいな，不思議だなと思ったことを，「たんぽぽチャート」に書こう。

　「たんぽぽ」は，たんぽぽの花の仕組みや，仲間の増やし方について説明されている説明文です。時間の経過に合わせて読み取ることができるこの説明文は，子供の「なぜそうなるのだろう」「もっと知りたいな」という思いを引き出すような文章構成になっています。

　そのため，感想を書くときの条件に，「不思議だと思うこと」をあげました。子供たちが，「不思議だな」と思うことを友だちと共有し，解決に向かって学習を進めていくことができます。

　このように，初発の感想を書かせる段階から，何についての感想を書くのかを指導者側が明示することは，その後の単元計画に有効に働きます。

【手順１】「たんぽぽチャート」を配付した後，半分に折らせる。
　　　　　チャートの右側を書く。

【手順２】読み深めた後日，教師の範読・子供の黙読などを通じて，改めて，文章を全文通して読む。

【手順３】チャートの左側に，【手順１】と同じ条件で結びの感想を書く。

【手順４】「たんぽぽチャート」を一望し，チャートの右側と左側を対比する。
　　　　　自分自身の変容を省察し，振り返り（下段）を書く。

第２章　定番教材のパフォーマンス評価実践例　019

3 パフォーマンス評価のルーブリック

	知識・技能	思考力・判断力・表現力等	主体的に学習に取り組む態度
◎	・たんぽぽの秘密を表す言葉を各段落から見つけて，感想の根拠にしている。 ・たんぽぽの身体の部分や，季節の違いに着目して，説明の順序が次に移ったところを，見つけている。	・たんぽぽの花の仕組みや，仲間の増やし方について，考えながら内容の大体を捉えている。 ・時間的な順序や事柄の順序を考えながら，内容の大体を捉えている。 ・たんぽぽの秘密について，自分が調べたことにつけ足して，感想を書いている。 ・一人ひとりの考え方によって，違いや共通点があることに気づいている。	・説明文を読んで考えたことを，意欲的に友だちと伝え合おうとしている。
○	・たんぽぽの秘密を表す言葉を，一段落から見つけて，感想の根拠にしている。 ・たんぽぽの身体の部分や，季節を表す言葉を見つけている。	・たんぽぽの花の仕組みや仲間の増やし方について，考えながら読んでいる。 ・時間的な順序や事柄の順序を考えながら読んでいる。 ・たんぽぽの秘密について，自分が調べたことをまとめている。 ・一人ひとりの考え方によって，違いがあることに気づいている。	・説明文を読んで考えたことを，友だちと伝え合おうとしている。
△	・たんぽぽの秘密を表す言葉を，感想の根拠にしていない。	・たんぽぽの花の仕組みや，仲間の増やし方について，考えられていない。 ・時を表す言葉を見つけられていない。 ・おもしろいと思ったことや不思議だと思ったことを，感想に書くことができていない。	・友だちと伝え合おうとしている。

4 授業展開❶（第10時）

「たんぽぽ」に対する感想を深める，第10時の授業展開を紹介します。

> 調べた「たんぽぽの不思議」を伝え合おう。

T　今日は，みんなが調べた「たんぽぽの不思議」を伝え合います。

C　どうして，綿毛は晴れた日に開くのかを調べました。湿り気の多い日や，雨降りの日には，綿毛は湿って重くなります。そうすると，種を遠くまで飛ばすことができません。だから，綿毛は晴れた日に開きます。

C　どうして，夕方になると花が閉じるのかを調べました。たんぽぽも，人間と同じように，夕方になると眠ってしまうからです。

C　どうして，実が熟すまで茎は低く倒れているのかを調べました。茎が低く倒れているのは，花と軸を静かに休ませて，種に栄養を送るためです。

C　どうして，わざわざ小さな花を集めて１つの花のように見えるつくりになっているのかを調べました。小さな花が180個あるということは，綿毛（種）が180個あるということです。180個の綿毛が飛ばされると，それだけ仲間が増えるということ。たんぽぽは，仲間をたくさん増やすために，小さな花をたくさん集めているのです。

C　どうして，種ができると茎は起き上がって高く伸びるのかを調べました。茎が高く伸びると，綿毛に風がよく当たって，種を遠くまで飛ばすことができるからです。

C　どうして，たんぽぽは春に花を咲かせるのかを調べました。たんぽぽが冬に花を咲かせないのは，冬は冷たい風から葉を守るため，地面に低く広がっているからです。人間も寒い日はお布団に深く潜ります。たんぽぽも同じです。寒い日には，たんぽぽは急いでつぼみます。

C　どうして，たんぽぽは綿毛になるのかを調べました。たんぽぽの綿毛は，

第２章　定番教材のパフォーマンス評価実践例　021

風で吹き飛ばされます。そうすると，軽い綿毛は，遠くに行きます。綿毛が遠くに行くと，いろいろなところに仲間をたくさん増やすことができます。だから，たんぽぽは綿毛になります。

　発表者１人に対して，聞き手は６人前後にします。教室を４～５つの場に区切り，友だちの話が聞きやすく，わからないことが質問しやすい環境を整えます。

T　友だちの説明を聞いて，わからないこと，納得できないことがあったら，どんどん質問してみよう。

T　発表している人は，聞き手の全員がわかるまで，しっかり説明しよう。全員が納得できた「たんぽぽの不思議」には，「たんぽぽの花」をつけていきます。

　クラスから出た７つの「たんぽぽの不思議」を全員で解決した後，発表会の感想を聞きます。

C　最初はよくわからなかったけれど，人間に例えて説明してくれたから，よくわかりました。

C　たんぽぽには人間みたいなところがあっておもしろいな。

C　たんぽぽがああいうつくりになっているのにはちゃんと意味があったんだな。

●第10時の振り返りの記述例

・私の質問に，友だちがちゃんと答えてくれました。冬は寒いから花は咲かないのだということがわかりました。

・友だちと協力して調べたことを，みんなに伝えられてよかったです。

・たんぽぽの花はいつ開くのかなど，いろいろなことを知ることができまし

た。もっともっとたんぽぽのことを知って，たんぽぽ博士になりたいです。
・たんぽぽの花が180個の小さな花の集まりになっているのは，綿毛が180個できて，それだけ仲間を増やすことができるからだということがわかり，おもしろかったです。
・たんぽぽが雨の日に綿毛を飛ばすことができない理由があって，びっくりしました。
・同じことを調べた友だちでも感想は違ったので，おもしろかったです。

5　授業展開❷（第11時）

　前時までの学習を踏まえ，「たんぽぽチャート」を書きます。
　本実践では，子供の中から出た疑問をみんなで解決していくという学習の流れにしたため，「たんぽぽ」を読み，不思議に思ったことを調べて，新しく知ったことに対する感想も書くことを伝えました。

T　これまで学習したことを生かして，「たんぽぽチャート」をもう一度書いてみよう。まず，これまでのノートを振り返ってみよう。
C　1回目は，感想は不思議に思ったことが多かった。
C　意見があまり出なくて，黒板のチャートは全部埋まらなかった。

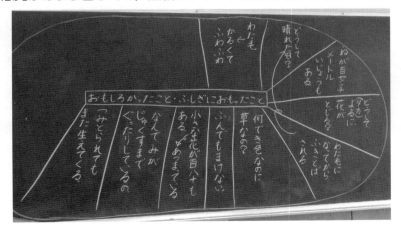

C 「たんぽぽ」を,詳しく読んでいけばわかったこともあったけれど,詳しく読んでも,わからないこともあったよ。
C そこで,みんなで不思議に思ったことを調べたんだよね。
C 同じ班の友だちと協力して,不思議だなと思うことを調べていくのは,おもしろかったな。

T 詳しく学習をしてみて,おもしろいな,不思議だなと思ったことを,隣の席の友だちと伝え合おう。

　「たんぽぽ」を詳しく読んだり,調べたり,友だちの発表を聞いたりして,おもしろい,不思議だと思ったことをまとめます。

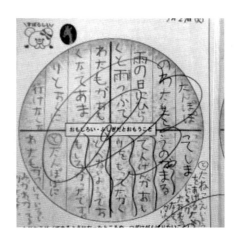

　そして，友だちと感想を伝え合い，「たんぽぽ」のおもしろさを再確認します。

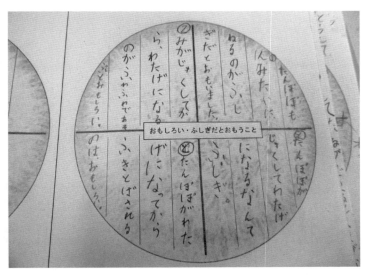

T　最後に1回目の感想と今日の感想を読み比べてみよう。自分の感想がどんなふうに変わったかな？　どんなことができるようになったかな？

「ふりかえり」に書いてみよう。

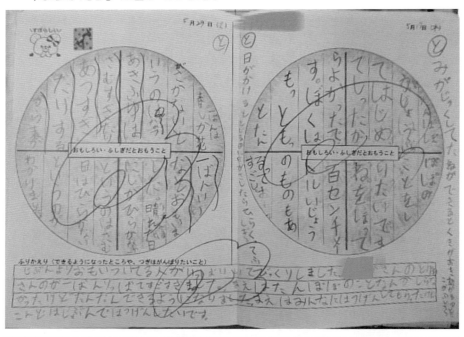

1回目の「おもしろい・ふしぎだとおもうこと」
　たんぽぽが丈夫って，初めて知ったからよかったです。根の長さが，百センチメートル以上もあるなんて，すごい。…

2回目の「おもしろい・ふしぎだとおもうこと」
　たんぽぽが春に花を咲かせるのは，夏・秋・冬は寒すぎたり暑すぎたりするから。春が一番いいんだなと思いました。晴れた日にしか咲かないというのは，寒い日は開かないというのがわかりました。…

ふりかえり
　自分より思いついている人がいてびっくりしました。前は，たんぽぽのことなんて知らなかったけれど，だんだん詳しくなりました。前はみんなに発言してもらっていたけれど，今度は自分で発言したいです。…

前ページの例では、2回目の感想で、学習を通してわかったことを詳しくまとめており、1回目の感想と比べるとその違いが顕著です。振り返りでは、自分ができるようになったこと、次にがんばりたいことを書いています。
　下の写真は、1回目と2回目にクラス全体で「たんぽぽチャート」を書いた際の板書です。書かれている量、質ともに変化が見られます。

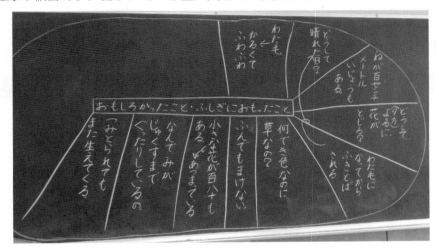

1回目

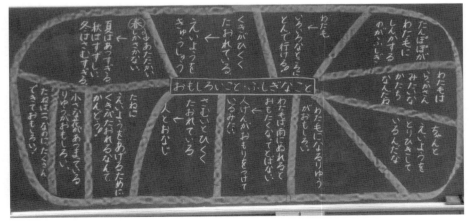

2回目

2年／お手紙

音読・感想名人に
なろう！

1　単元計画（11時間）

次／時	学習活動	・指導／●評価
第1次 1時 〜 4時	1　「お手紙」を読んで，それぞれの場面のはたらきを知る。 2　5つの場面に分け，主な出来事を整理する。 3　好きな場面を音読し，おもしろいと思ったこと，不思議に思ったことを「お手紙チャート」に書く。（1回目） 4　「お手紙チャート」（2回目）に向け，学習計画を立てる。	・挿絵を手がかりに，主な出来事の「いつ・どこで・だれが」を明らかにしている。（観察・ワークシート） ・「おもしろい・不思議だと思ったこと」を条件とする。 ●「お手紙」を楽しみながら読んでいる。（観察） ●叙述を基にして，考えたことを書いている。（「お手紙」チャート）
第2次 5時	「かえるくんもかなしい気ぶんでこしをおろしていたわけは何だろう」 1　本時のめあてをもつ。 2　小集団・集団で話し合い，課題解決を行う。 3　学習を振り返る。	・かえるくんが悲しくなったわけが書かれているところを，本文から探し，サイドラインを引かせる。 ・文全体にサイドラインを引くのではなく，様子を表す言葉に着目してサイドラインを引くよう伝える。 ・付箋に書いた考えを小集団で伝え合うように指導する。 ●かえるくんの悲しみの様子を表す言葉に着目し，想像している。（発言・ノート）
6時	「かえるくんが大いそぎでいえへかえったわけは何だろう」 1　本時のめあてをもつ。 2　小集団・集団で話し合い，課題解決を行う。 3　学習を振り返る。	・様子を表す言葉に着目してサイドラインを引くよう，指導する。 ・付箋に書いた考えを小集団で伝え合うように指導する。 ●かえるくんの急ぐ様子を表す言葉に着目し，想像している。（発言・ノート）

7時	「がまくんが手紙をまつのをやめたわけは何か」 1　本時のめあてをもつ。 2　小集団・集団で話し合い，課題解決を行う。 3　学習を振り返る。	・三色の付箋を用意し，下記のように使い分けさせる。 青…がまくんの家に行くときのかえるくんの気持ち 黄…寝ているがまくんに対する，かえるくんの気持ち 赤…かえるくんに対する，がまくんの気持ち ・それぞれ，様子がわかるところにサイドラインを引くよう指導する。 ●がまくんとかえるくんの様子を表す言葉を基に読み取っている。（発言・ノート）
8時	「2人とも，とてもしあわせな気もちですわっていたわけは何か」 1　本時のめあてをもつ。 2　小集団・集団で話し合い，課題解決を行う。 3　学習を振り返る。	・二色の付箋を用意し，下記のように使い分けさせる。 赤…「君が」と言ったときの，がまくんの気持ち 黄…すわっていたがまくんの気持ち ・様子がわかるところにサイドラインを引くよう指導する。 ●がまくんの様子を表す言葉を基に読み取っている。（発言・ノート）
9時	「かたつむりくんが，4日かけてまで，お手紙をとどけたわけは何か」 1　本時のめあてをもつ。 2　小集団・集団で話し合い，課題解決を行う。 3　学習を振り返る。	・様子を表す言葉に着目してサイドラインを引くよう指導する。 ・付箋に書いた考えを小集団で伝え合うように指導する。 ●かたつむりくんが頼まれたとき，届けたときの様子を表す言葉や挿絵の表情に着目し，想像している。（発言・ノート）
10時 〜 11時	1　好きな場面を音読し，おもしろいと思ったこと，不思議に思ったことを「お手紙チャート」に書く。（2回目） 2　1回目，2回目の「お手紙チャート」の記述内容の変化を振り返る。	・「おもしろい・不思議だと思ったこと」を条件とする。 ・自分自身の感想文の変容をどう捉えるか，1回目との違いを省察させる。 ●叙述を基にして，考えたことを書いている。（お手紙チャート）

第2章　定番教材のパフォーマンス評価実践例　029

2　パフォーマンス評価の概要

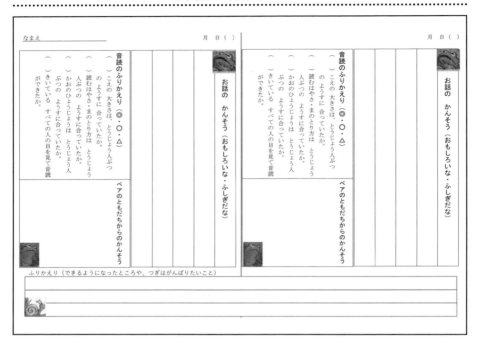

お手紙チャート

　「お手紙チャート」は，単元のはじめに行う，好きな場面の音読及び初発の感想（図の右側）と，学習を進め単元の終盤に行う，好きな場面の音読及び，結びの感想（図の左側）をあわせたチャートです。また，それぞれ音読に対する友だちの感想（コメント）を記述してもらいます。

　このような構成にすることで，単元のはじめよりも音読が上達し，作品に対する精査・解釈を踏まえたより深い感想になることを子供が実感できます。自分の音読・感想文の変化を振り返ることができるように，振り返り欄（図の下段）も設けています。

　「お手紙チャート」のパフォーマンス課題は，以下の通りです。

> 「お手紙」の好きな場面を音読して，おもしろいな，不思議だなと思ったことを，「お手紙」チャートに書こう。

「お手紙」には，個性的な登場人物が出てきます。がまくん，かえるくん，かたつむりくんの，おもしろく，どこか不思議な行動に，それぞれの読み手が愛着をもつことでしょう。

好きな場面は，自ずと作品全体に広がるものです。そこで，感想を書くときに好きな場面を音読し，小集団で伝え合うことを通して，様々な場面が魅力的であることに気づけるようにします。

感想の条件としては，音読をした場面について「おもしろいな，不思議だな」と思うことを書く，ということをあげました。子供たちがこれを友だちと共有することで，「かなしい気分→しあわせな気もち」へと変わったがまくんとかえるくんの様子を想像する，手紙を届けられたかたつむりくんの様子を想像する，という読みの課題解決に向かって学習を進めていくことができます。また，音読がもっとうまくなりたい，という思いを引き出すことにもつながり，

「音読が上達するために，登場人物の様子を詳しく想像しよう」
と投げかける必然性が生まれます。

このように，単元のはじめの段階で好きな場面を選び，初発の感想を書かせることによって，どの場面の感想を書くのかを明確化させるのみならず，思いを具体化させたり，課題解決に向けて学習したいという思いを引き出したりすることができます。

【手順1】「お手紙チャート」を配付した後，半分に折らせ，好きな場面を1つ選んで，音読をする。

【手順2】自分で音読を振り返り，ペアの友だちから音読へのコメントを書いてもらう。その後，好きな場面の感想を書く（チャート右側）。

第2章　定番教材のパフォーマンス評価実践例　031

【手順3】読み深めた後日，改めて好きな場面の音読をする。

【手順4】【手順2】と同じ流れで「お手紙チャート」を書く（左側）。

【手順5】「お手紙チャート」を一望し，右側と左側を対比する。自分自身の変容を省察し，振り返り（下段）を書く。

3 パフォーマンス評価のルーブリック

	知識・技能	思考力・判断力・表現力等	主体的に学習に取り組む態度
◎	・様子を表す言葉を各場面から見つけて，感想の根拠にしている。 ・登場人物の行動を中心に，その表情や声量，速さや間を工夫して音読している。	・様子を表す言葉を各場面から見つけて，感想の根拠にして考えたことをわかりやすく書いている。 ・一人ひとりの感想によって，音読する場面や音読の仕方の違いや，共通点に気づいている。	・「お手紙」を読んで考えたことを，意欲的に友だちと伝え合おうとしている。
○	・登場人物の様子を見つけている。 ・登場人物の行動を中心に，その表情や声量，速さや間を意識して音読している。	・様子を表す言葉を各場面から見つけて，感想の根拠にして考えたことを書いている。 ・一人ひとりの感想によって，音読する場面の違いや共通点に気づいている。	・「お手紙」を読んで考えたことを，友だちと伝え合おうとしている。
△	・様子を表す言葉を，感想の根拠にしていない。	・作品の筋から外れ，様子を表す言葉を基に感想を書いていない。 ・おもしろいこと，不思議だと思ったことを，感想に書くことができていない。	・友だちと伝え合おうとしている。

032

4　授業展開❶（第2時，3時）

　「お手紙チャート」1回目を書くまでに，各場面の主な出来事の確認をどのように行ったかを紹介します。

> 「お手紙」を読み，おもなできごとをたしかめよう。

T 　今日は，「お手紙」の主な出来事を確かめます。
　　最初に，各場面の何が主な出来事だったのかを確認しましょう。
　　次に，それが起きたのがいつ・どこで，だれが出てきたのかを確かめましょう。
　　ところで，そもそも，「主な出来事」って，どんなことでしょう？
C 　一番大事っていうこと。例えば，誕生日会があった日のことだとしたら，朝，起きたり，ご飯を食べたり，学校に行ったりするけれど，一番大事なのはそうじゃないから，主な出来事は「誕生日会をした」っていうことです。
T 　今，○○さんが言ったように，「一番大事な」って考えるとわかりやすいですね。それぞれの場面で一番大事な出来事のこと。これって，実は

すぐに確かめられるんですよね。何かを見れば，すぐにわかります。さて，何でしょう…？
C　絵を見ればいいと思います。
T　その通り。でもね，ちょっと待って…，あれ？　山場を見てみて。
C　あっ…，何枚もある。どれなんだろう？
T　一番大事な出来事がかいてある挿絵は…？　友だちと相談してみよう。
C　う～ん…，やっぱり座っている絵じゃないかな。
C　うん，ぼくもそう思う。だってさ，「はじめ」の場面で悲しそうにしている絵があって，山場でもう1回似たような絵だけど笑っているもん。
C　よし，じゃあこれだ。

　山場に登場する複数の挿絵を利用して，場面の中で一番大事な挿絵を見つける練習を行うことができました。

T　では，各場面の主な出来事を「いつ（とき）」「どこで（ばしょ）」「だれが（人ぶつ）」「どうしたのか（おもなできごと）」という一文で表してみましょう。はじめの場面でお手本を見せます。

|とき|…お手紙をまつじかんに
|ばしょ|…げんかんの前で
|人ぶつ|…がまくんとかえるくんが
|おもなできごと|…
かなしい気ぶんでこしを下ろしていた。

T はじめの場面では,「お手紙をまつじかんに,げんかんの前で,がまくんとかえるくんが,かなしい気ぶんでこしを下ろしていた」となります。では,各班が担当した場面の「いつ(とき)」「どこで(ばしょ)」「だれが(人ぶつ)」「どうしたのか(おもなできごと)」を表す言葉を見つけ出して,一文に表してみましょう。

C 先生,主な出来事にはかたつむりくんが出てこないんですけど,場面の中には出てくる場合はどうすればいいですか?
T どうすればいいと思う? 「いつ・どこで・だれが・どうしたのか」という文で表したときに,入れる必要はあるのかな?
C う〜ん…入れないでいいと思う。
T どうして?
C だって,今書かなきゃいけないのは,場面に出てきた全部の人物じゃな

くて，主な出来事に関係がある人物だから。
T　そうです。よく気がついていますね。

　出合ったばかりの作品の主な出来事の整理は，スムーズにはいかないので，この活動には２時間が必要です。最初の１時間は班でじっくり検討をして，主な出来事を書いてみる段階です。次の時間に，自分の班と同じ場面を担当した班の一文と比べてより整理された文をつくると，各場面の主な出来事が確認できることでしょう。

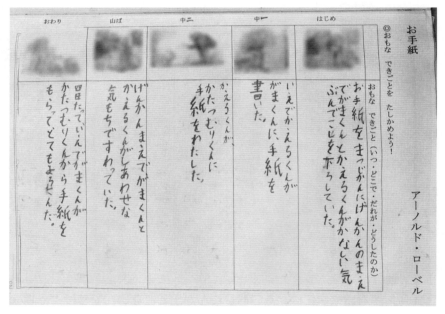

第３時に子供が完成させたワークシート

●第３時の振り返りの記述例
・おもなできごとが，２人ともしあわせな気もちですわっていたというところで，ほんとうにしあわせという気もちが，わたしにつたわってきました。
・なんで，がまくんはかえるくんに手紙を書いたんだろう。
・とき・ばしょ・人ぶつ・おもなできごとをさがしながら音読できました。

主な出来事の確認をすると，あらすじを踏まえた妥当な感想が書けるようになったり，読みの課題につながる疑問を見つけられたりします。本書にあげた他のチャート同様，チャート１回目までに行っておくことが大切です。

5　授業展開❷（第11時）

　前時までの学習を踏まえ，２回目の「お手紙チャート」を書きます。好きな場面の音読後，自己評価・相互評価を行い，感想を書きます。

T　これまで学習したことを生かして，「お手紙チャート」をもう一度書いてみよう。はじめに，自分の好きな場面を音読しましょう。
C　ぼくの好きな場面は，山場の場面です。がまくんとかえるくんの幸せな気持ちが表れるように音読します。

C　ああ，１回目のときよりも声が大きい。
C　がまくんのうれしそうな気持ちが顔に表れている。
C　がまくんの声に似ていたよね。のんびり話す感じ。
T　自分で音読を振り返った後，友だちに感想を書いてもらいましょう。そして，学習の振り返りを書いてみましょう。

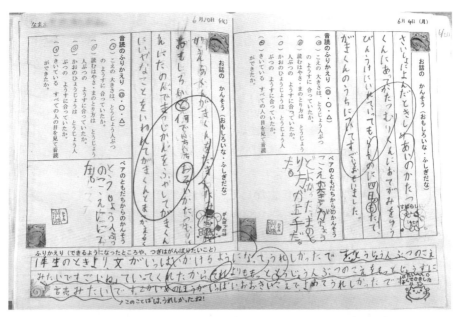

音読を中心に振り返った子供の例。自分の読み方に成長を実感できました。

1回目の「お話のかんそう」
　…かたつむりくんにおてがみをゆうびんうけにいれていってもらうのに四日たって，がまくんのうちについて，すごいとおもいました。

2回目の「お話のかんそう」
　かえるくん，がまくんをだましみたいでおもしろい。何でいちいちおそいかたつむりくんにたのんで，まつじかんをふやして，がまくんにいやなことをいわれて，がまくんとまつ（のか）。かえるくんがおもしろい。

ふりかえり
　（友だちが）とうじょう人ぶつのこえみたいで，すごいねっていってくれたから，それよりももっととうじょう人ぶつのこえをもっとじょうずに読みたいです。

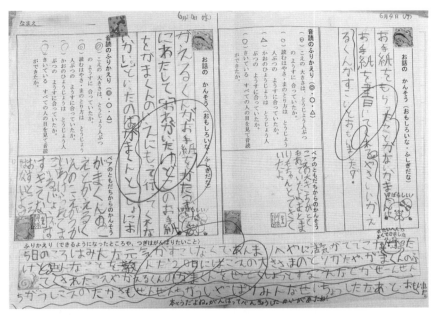

ルーブリックで，◎となる子供の例。読解を基に音読が上手になりました。

1回目の「お話のかんそう」
　お手紙をもらったことがないがまくんにお手紙をかいてくれるやさしいかえるくんが，すごいとおもいました。

2回目の「お話のかんそう」
　…「おねがいだけど，このお手紙をがまくんのいえにもって行ってくれないかい。」といったのは，がまくんといっしょにお手紙をまちたかったんだ！　かえるくんって，こころのすみからすみまでやさしいんだ！

ふりかえり
　…色んなことを学んだ20日にはこえの大きさ，まのとりかたや，がまくんのふてくされたこえやかえるくんのがまんをせっとくしようとするこえなどがぜーんぜんちがうし，こえのたかさもぜんぜんちがうし…

3年／のらねこ

条件に合わせて
感想を書こう！

1 　単元計画（8時間）

次／時	学習活動	・指導／●評価
第1次 1時 〜 2時	1　「のらねこ」を読み，登場人物，場面分け，主な出来事を確かめる。 2　「のらねこ」を読んだ感想を「感想文チャート」に書く。（1回目） 3　「感想文チャート」（2回目）に向け，学習計画を立てる。	・登場人物…のらねこ，リョウ，リョウの家のねこ ・場面分け…「時・場・人物・主な出来事」での場面分け。 ・「かわいがる」というキーワード，200字以内，「屋根の上から見ているのらねこをどう思うか」を条件とする。 ・単元を通じためあてを確認する。 ●物語文「のらねこ」を楽しみながら読んでいる。（観察） ●叙述を基にして，考えたことを書いている。（感想文チャート）
第2次 3時 〜 4時	1　学習のめあてをもつ。 2　各場面ごとに「のらねこ」の行動・心情描写を取り出し，のらねこの性格を書く。 3　班ごとに「見た目」担当班，「せいかく」担当班に分け，取り出す情報を焦点化し，ミニ黒板でまとめたことを提示する。（1時間ごとに班の担当を変える） 4　学習を振り返る。	・「見た目」「せいかく」の2視点から，「のらねこ」が大きな体で毛並みが立派であること（見た目），疑い深くだれからもかわいがられたことがないこと，さわられることを怖がっていること（性格）を押さえる。 ・学習シートの記述量や記述の質から出来栄えを振り返ることを指導する。 ●叙述を基にのらねこの性格を想像し，表現している。（学習シート）
5時	読みの課題（重要課題） 「のらねこは何のためにかんづめを一口食べることにこだわったのだろう」 1　本時のめあてをもつ。	・「とてもおなかがすいているというふうではありません」等を焦点化し，性格を踏まえることを指導する。 ・「リョウの気を引くため」という考え，

040

	2 小集団・集団で話し合い，課題解決を行う。 3 学習を振り返る。	「リョウのねこへの自己アピール」という考え等に整理し，空腹を満たすためではなく，リョウやリョウの家のねこに向けられた何らかのサインであることを押さえる。 ●叙述を基にのらねこの性格を踏まえ，想像したことを表現している。（発言・ノート）
6時	読みの課題（重要課題） 「のらねこはかわいがられたときにどんな気持ちだったのだろう」 1 本時のめあてをもつ。 2 小集団・集団で話し合い，課題解決を行う。 3 学習を振り返る。	・のらねこが，かわいがられたことが一度もなかった点，心情が直接描かれていない点を確かめる。 ・「のらねこは，じっとしています。風がそよそよとふいてきます」から，のらねこがかわいがられることを受け入れている点，「とても気持ちがいいし，うれしくなる」に迫っている点，リョウが言った「だいてあげたり，なでてあげたり」はされていない点をどう思うか，整理する。 ●叙述を基にのらねこの性格を踏まえ，想像したことを表現している。（発言・ノート）
7時	読みの課題（核心課題） 「のらねこは屋根の上からどんな気持ちでリョウと家ねこを見たのだろう」 1 本時のめあてをもつ。 2 小集団・集団で話し合い，課題解決を行う。 補助発問 「自分だったら，のらねこにどんな言葉をかけてあげたいかな」 3 学習を振り返る。	・のらねこの性格や，様子を表す言葉から考えること中心にめあてをもたせる。 ・自分の考えだけでなく，友だちの考えの根拠となった叙述を書き留めさせるようにする。 ●山場の情景描写を根拠に，想像したことをまとめている。（ノート）
8時	1 「のらねこ」を読んだ感想を「感想文チャート」に書く。（2回目） 2 友だち同士で読み合い，感想を交流する。 3 （1回目）（2回目）の記述内容の変化を振り返る。	・「かわいがる」というキーワード，200字以内，「屋根の上からみているのらねこをどう思うか」を条件とする。 ・自分自身の感想文の変容をどう捉えるか，1回目との違いを省察させる。 ●叙述を基にのらねこの性格を踏まえ，想像したことを表現している。（感想文チャート）

第2章 定番教材のパフォーマンス評価実践例 **041**

2　パフォーマンス評価の概要

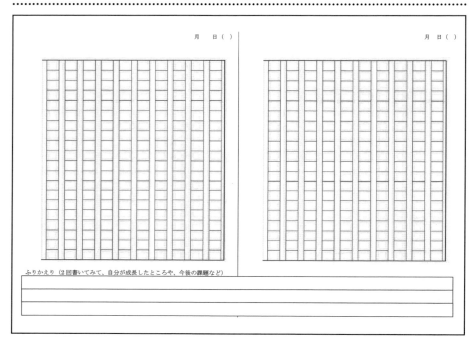

感想文チャート

　「感想文チャート」は，単元のはじめに行う初発の感想（図の右側）と，学習計画を進めた後，単元の終盤に行う結びの感想（図の左側）を視覚的に一望できる構成のチャートです。
　このような構成にすることで，初発の感想を書いたころよりも，作品に対する感想が精査・解釈を深めた記述になることを子供が実感できるようになります。自分の感想文の変化を振り返ることができるように，振り返り欄（図の下段）を用意してあります。
　「感想文チャート」のパフォーマンス課題は，以下の通りです。

> 　「のらねこ」を読み，「おもしろい」または「ふしぎだ」と感じたこと
> を，以下のじょうけんをまもって書きましょう。
> 　じょうけん
> 　　●「かわいがる」という語を使う。
> 　　●200字以内で書く。
> 　　●「屋根の上からみているのらねこをどう思うか」について書く。

　「のらねこ」は，これまで人間にかわいがられたことのなかったのらねこ
が，生まれてはじめてかわいがられる，という作品です。そのため，「かわ
いがる」という語を用いて感想を書かせることには，作品に対する基本的な
姿勢をもたせるために外せません。結末では，屋根の上から登場人物リョウ
と家ねこを見ているのらねこの様子が象徴的に描かれます。

　このように，初発の感想を書かせる段階から，何についての感想を書くの
かを指導者側が明示することは，その後の単元計画に有効に働きます。

【手順1】「感想文チャート」を配付した後，半分に折らせる。
　　　　　チャートの右側に日付を記入させる。
　　　　　（読みの課題を設定し，単元計画に基づいて読み深める）

【手順2】読み深めた後日，教師の範読・子供の黙読などを通じて，改めて，
　　　　　作品を全文通して読む。

【手順3】チャートの左側に日付を記入し，【手順1】と同じ条件で結びの感
　　　　　想を書く。友だち同士で結びの感想を交流する。

【手順4】「感想文チャート」を一望し，チャートの右側と左側を対比する。
　　　　　自分自身の変容を省察し，振り返り（図の下段）を書く。

第2章　定番教材のパフォーマンス評価実践例　043

3 パフォーマンス評価のルーブリック

	知識・技能	思考力・判断力・表現力等	主体的に学習に取り組む態度
◎	・「かわいがる」ことの意味が「相手にさわる」「だく」「なでてあげる」などの行動に結びついていることを理解している。 ・感想の根拠として，作品の語や文を効果的に引用している。	・場面の移り変わりや，登場人物の性格や気持ちの変化，情景などについて精査したことを基に，豊かに想像できている。 ・一人ひとりの感じ方によって違いや共通点があることに気づいている。	・場面の移り変わりや，登場人物の性格や気持ちの変化，情景などについて，叙述を基に想像しようとしている。 ・叙述を基に想像したことを，意欲的に友だちと伝え合おうとしている。
○	・「かわいがる」ことの意味を理解している。 ・感想の根拠として，作品の語や文を引用している。	・場面の移り変わりや，のらねこの性格や気持ちの変化，情景などについて想像している。 ・一人ひとりの感じ方に違いがあることに気づいている。	・叙述を基に想像して，作品を楽しみながら読もうとしている。 ・叙述を基に想像したことを，友だちと伝え合おうとしている。
△	・作品における「かわいがる」という言葉の意味を理解していない。 ・作品の語や文を根拠にしていない。	・場面の移り変わりや，のらねこの性格や気持ちの変化，情景などについて，根拠のない想像をしている。 ・一人ひとりの感じ方の違いを考えていない。	・作品を読もうとしている。 ・叙述を基に想像したことを，友だちに伝えようとしている。

4　授業展開❶（第7時）

第7時に感想文チャートの条件の1つにあげた「読みの課題」を扱います。

> のらねこは屋根の上からどんな気持ちでリョウと家ねこを見たのだろう。

T　のらねこは屋根に行ってしまい、リョウは家ねこといなくなってしまいました。いったいどんな気持ちだったのでしょうね？
C　リョウと一緒に遊べて、家ねこがうらやましいなぁ。
C　家ねこにはつまらないところを見られてしまった。
C　またリョウにかわいがられたい。

各自で自分の考えを付箋に書いた後、グループになって対話をしながら読みを深めていきます。

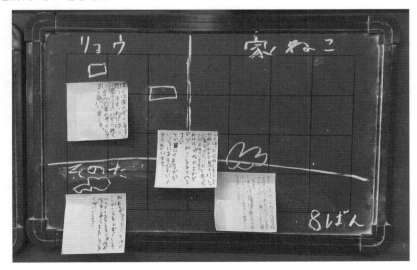

T 付箋に書いたことを，友だちと伝え合ってみよう。
C のらねこは満足していたと思うんだよね。だって，リョウにかわいがってもらえたでしょう。
C そうなのかなぁ。だって，少しだけしかかわいがってもらえていないでしょう。私は，もうちょっとかわいがってほしかったんだと思うよ。
C のらねこは，「家ねことリョウと一緒に遊びたいなぁ」って思ったと思うんだよね。だって，「見ています」って書いてあるでしょう。
C あぁ，なるほど。そうかもしれない。
T うらやましい気持ちやさみしい気持ちが混ざっていたということ？
C はい。かわいがってもらったから，そういうことを今まで感じたことがなかったと思うんだけど…。
C これまでは，のらねこは1人でいばっていたんだよね。だから，変わったんだよ。

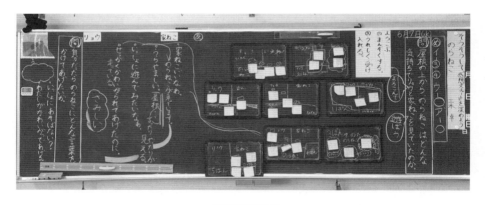

第7時の板書

T では，そういうのらねこに対して，自分だったらどんな言葉をかけてあげたい？
考えたことをノートに書いてみましょう。
C なんだかかわいそうだから，「一緒に遊ばない？」って誘ってあげたい

な。
- C 私がかわいがってあげる。お家に連れてかえってあげたいな。
- C 「またリョウに会いにいけばいいんだよ」って，言ってあげたい。
- C かわいがられたとき，うれしかったの？ うれしくなかったの？ どっちだったんだろう。聞いてみたい。だって，何も言わないで逃げてしまったから，どんな気持ちだったのかを聞きたい。
- C 家ねこがうらやましかったんでしょう。ぼくと一緒に遊ぼうよ。
- C せっかくかわいがられたんだから，素直に「遊ぼう」って言えばよかったんじゃないかな。

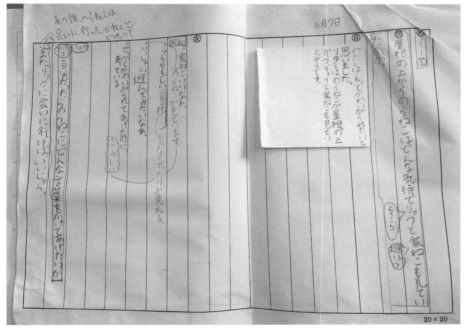

第7時の子供のノート

5　授業展開❷（第8時）

　前時までの学習を踏まえ，「感想文チャート」を書きます。1回目と同じ条件で書かせることで，子供は読みの課題について考えたことを基にしながら，作品全体を豊かに想像することができます。

T　さあ，これまでの学びを生かして，「感想文チャート」をもう一度書いてみましょう。
　　ノートを振り返ってみましょう。
C　のらねこの見た目や性格を読んでみたよね。

C のらねこは，何のためにかんづめを一口食べたのかを話し合ったね。

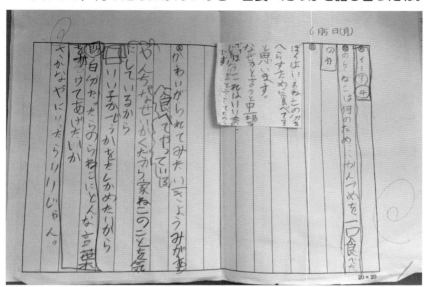

C かわいがられたときの気持ちも考えてみたよね。

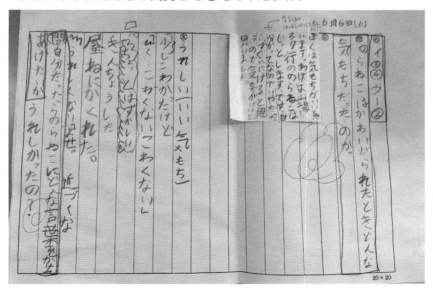

C よし,これまで学んだことを思い出して,考えたことをまとめてみよう。
C もう書くことがはっきりしているから,前よりもスラスラ書けそうだ。

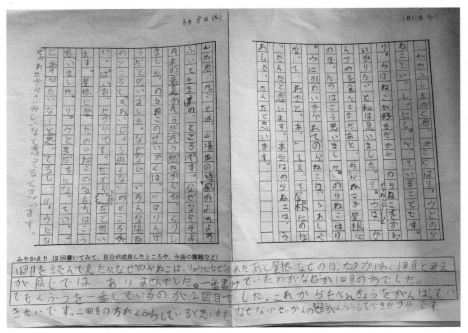

学習を通じて自分自身の考えが変容したことに気づいています。子供は,変容する自分自身に気がつくことで,物語を学習することのおもしろさを実感します。

2回目の感想
　屋根に登ったのらねこの気もちはこう思いました。リョウと友だちになっていっしょにあそびたいな…と思っているし,リョウになぜられたからさみしいなと思っていると思います。

ふりかえり
　1回目を読んでみたら,なぜのらねこはリョウになぜられたあと屋根になぜのぼったのかは,考えが同じではありませんでした。…

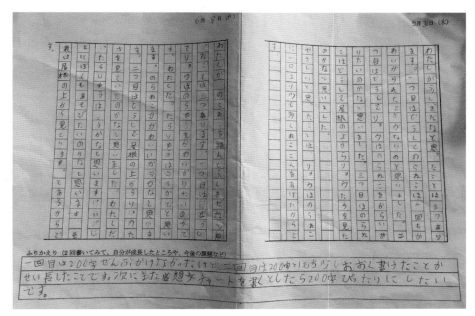

　書くことに苦手意識がある子供は，多く書けただけでも自信をもちます。これも，2度感想文を書くことによって生まれる効果の1つです。

2回目の感想文
　私がのらねこを読んでふしぎだなと思ったことは二つあります。一つ目は，どうしてリョウはのらねこをかわいがりたいのかです。わたしだったらりゆうはこうかなと思います。のらねこがかわいいからかなと思います。二つ目は，どうして屋根の上からリョウたちを見ていたのかなと思いました。わたしだったらりゆうは，こうかなと思います。いっしょにぼくもあそびたい…

ふりかえり
　一回目は200字ぜんぶかけなかったけど，二回目は200字と1文字少し多く書けたことがせい長したことです。…

3年／モチモチの木

１人１分間の
音読大会を開こう！

1 単元計画（10時間）

次／時	学習活動	・指導／●評価
第1次 1時 〜 3時	1 「モチモチの木」を読み，登場人物，場面分け，主な出来事を確かめる。 2 「モチモチの木」を読んだ感想を３行程度書く。 3 １人１分間の音読をやってみて，音読チャート（１回目）を書く。「１人１分間の音読大会」に向けて，学習計画を立てる。	・登場人物…豆太，じさま，医者様 ・場面分け…「時・場・人物・主な出来事」での場面分け。 ・「おもしろい・不思議だと思ったこと」「自分のタクシー体験・ちょうちょ体験などを踏まえた作品全体の感想」を条件とする。 ・単元を通じためあてを確認する。 ・１分で「語り」をできる叙述の範囲を選ばせる。 ●物語文「モチモチの木」を楽しみながら読んでいる。（観察） ●叙述を基にして，考えたことを書いている。（感想）
第2次 4時	読みの課題（重要課題） 「豆太にとって，モチモチの木はどのように見えているのか」 1 本時のめあてをもつ。 2 小集団・集団で話し合い，課題解決を行う。 3 小集団で音読練習を行う。 4 学習を振り返る。	・「さいそく」「おばけみたい」「かみのけをバサバサ」等，様子を表す言葉を踏まえて考えることを指導する。 ・「〜な木」という体言止めをさせ，以下のように整理する。 　昼…「豆太にさいそくされて，実を落とす木」等 　夜…「おばけみたいな木」等 ●豆太の行動や会話を踏まえ想像したことを表現している。（発言・ノート）
5時	読みの課題（重要課題） 「山の神様のお祭りの話を聞いた豆太はどんな気持ちだったのか」 1 本時のめあてをもつ。 2 小集団・集団で話し合い，課題解	・「うしみつ」「ゆめみたいにきれい」等の叙述に着目し，様子を表す言葉を踏まえることを指導する。 ・「こわいから，あきらめた」「じさまも，おとうも見たから，本当は自分

052

	決を行う。 3　小集団で音読練習を行う。 4　学習を振り返る。	も見たい」等，相反する考えを整理 し，豆太が迷っていたことを押さえる。 ●豆太の行動や会話を踏まえ想像したこ とを表現している。（発言・ノート）
6時	読みの課題（重要課題） 「医者様をよびに行き，帰ってきた豆 太はどんなことを考えていたのだろ う」 1　本時のめあてをもつ。 2　小集団・集団で話し合い，課題解 決を行う。 3　小集団で音読練習を行う。 4　学習を振り返る。	・「じさまあっ！」「じさまっ！」の違い を押さえる。言葉を踏まえて考えるこ とを指導する。 ・「（医者様を）よびに行くまで」と「家 に帰ってくるまで」に分ける。 ●豆太の気持ちの移り変わりを具体的に 想像し，表現している。（学習シー ト・音読）
7時	読みの課題（核心課題） 「また，じさまを起こした豆太は，こ れまでの豆太とどのように違うのだろ う」 1　本時のめあてをもつ。 2　小集団・集団で話し合い，課題解 決を行う。 3　小集団で音読練習を行う。 4　学習を振り返る。	・「さいそく」「おばけみたい」「かみの けをバサバサ」等，様子を表す言葉を 踏まえて考えることを指導する。 ・「これまでと変わっていない」「やさし い，勇気のある子になった」「おくび ょうではなくなった」に整理する。 ●豆太の行動や会話を踏まえ想像したこ とを表現している。（発言・ノート）
8時	1　本時のめあてをもつ。 2　班で交代して音読の練習を行う。 3　学習を振り返る。	●場面と場面を比べ，豆太の様子の移り 変わりを想像し，音読で表現してい る。（観察・振り返り）
9時	1　本時のめあてをもつ。 2　1人1分間の音読大会を開き， 「音読チャート」を書く。（2回 目） 3　学習を振り返る。	・読み手は，特に目線を全体に向けるこ とを意識することを指導する。 ・聞き手は，目線を反らさずに友だちの 音読を受け止めるように指導する。 ・自分自身の音読をどう捉えるか，各観 点ごとに省察させる。 ●場面と場面を比べ，豆太の様子の移り 変わりを想像し，音読で表現してい る。（観察・振り返り）
10時	1　本時のめあてをもつ。 2　パソコンルームにて，自分や友だ ちの行った音読の動画を視聴し， 自分の成長点を振り返る。	・第3時に行った1回目の音読の動画 と，第8時に行った2回目の音読の動 画を比較し，自分自身の成長点を中心 に振り返ることを指導する。

第2章　定番教材のパフォーマンス評価実践例　053

2　パフォーマンス評価の概要

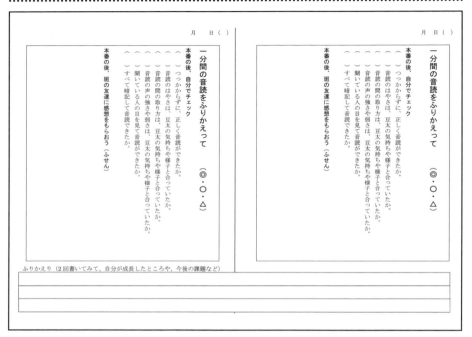

　上の「音読チャート」は，単元のはじめに１人１分間の音読をする段階（図の右側）と，学習計画を進めた後，単元の終盤に行う，１人１分間の音読大会（図の左側）の段階のパフォーマンスを視覚的に一望できる構成のチャートです。チャートは自分の音読をセルフチェックする項目（下記）と，友だちからの感想（付箋に書いてもらう）を添付する部分に分かれています。

　（　）つっかからずに，正しく音読ができたか。
　（　）音読のはやさは，豆太の気持ちや様子と合っていたか。
　（　）音読の間の取り方は，豆太の気持ちや様子と合っていたか。
　（　）音読の声の強さや弱さは，豆太の気持ちや様子と合っていたか。
　（　）聞いている人の目を見て音読ができたか。
　（　）すべて暗記して音読できたか。

このような構成にすることで，単元のはじめに音読をしたころよりも，単元の終盤に行う音読が，精査・解釈を深めた表現になったことを子供が実感できるようになります。音読の様子は，２回とも動画で記録しておき，自分の音読を映像で確認させます。また，振り返ることができるように，振り返り欄（図の下段）を用意します。

　「音読チャート」のパフォーマンス課題は，以下の通りです。

> 　「モチモチの木」の好きな場面を１人１分間，音読しましょう。
> 　音読が終わったら，音読チャートを書きましょう。
> 　音読は，以下のじょうけんをまもって行います。
> 　じょうけん
> 　　●「じさまあ」という会話文をふくめる。

　「モチモチの木」は，おくびょうな豆太が夜中に腹痛を起こしたじさまのために勇気を出し，医者様を呼びにいく作品です。

　「じさまあ」という会話文には，場面ごとに移り変わる豆太の心情があらわれます。特に，しょんべんにじさまを起こすために「じさまあ」と呼びかける冒頭の会話文と，腹痛から回復したじさまをしょんべんに起こす豆太の「じさまあ」には，一見臆病な豆太の姿が見られます。しかし，読み手の想像によっては，成長する前と後，といった違いを受け取ることも可能です。

　音読を「１人１分間」という設定にした意図は，長大な物語文であっても，１分間程度なら，学級すべての子供が作品世界を音読で表現することが可能だと考えたからです。また，すべての子供が一単位時間（45分間）で活動を終えられる点もメリットとしてあげておきます。

　ちなみに，１分間の音読を行う範囲は，下記のように，「モチモチの木」の全文を１枚の用紙に打ち出した全文用紙に，２色のシールを貼らせて指定します。「じさまあ」を含む部分という条件ですので，概ね限られてきますが，これにより，その後読解を行う範囲も焦点化されてきます。

第２章　定番教材のパフォーマンス評価実践例　055

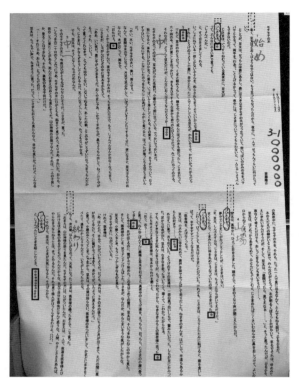

[............] …黄色いシール（音読を始める行）　　[　　　] …青いシール（音読を終える行）

　シールに記名し，自分や友だちがどの範囲を音読するのかを共有します。同じ範囲の箇所を友だち同士で練習する様子も見られます。

【手順1】「音読チャート」を配付した後，半分に折らせる。1人1分間の音読を終えた後，チャートの右側を書く。生活班の友だちが音読をした際は，付箋紙に感想をひと言書き，手渡す。

【手順2】読み深めと音読練習を重ねて，「1人1分間の音読大会」を行う。

【手順3】左側を【手順1】と同じ条件で書く。

【手順4】2回行った音読の動画を視聴し，右側と左側を対比する。自分自身の変容を省察し，振り返り（図の下段）を書く。

3　パフォーマンス評価のルーブリック

	知識・技能	思考力・判断力・表現力等	主体的に学習に取り組む態度
◎	・目線…全員を見る。 ・表情…登場人物の気持ちを表現する。 ・速さ…必要な箇所で間を空ける。 ・声量…声の大小 上の4観点を優れた音読で表現している。	・行動や会話文，心内語を基に，場面の様子や豆太の心情を想像している。（ノート） ・一人ひとりの感じ方によって，「語り」に違いや共通点があることに気づき，感想を書く。（付箋紙）	・叙述を基に想像したことを，意欲的に友だちと伝え合おうとしている。 ・友だちの音読から行動や会話文，心内語を精査・解釈し，進んで感想を伝えようとしている。
○	・目線…全員を見る。 ・表情…登場人物の気持ちを表現する。 ・速さ…必要な箇所で間を空ける。 ・声量…声の大小 上の4観点を意識して表現している。	・行動や会話文，心内語を基に，豆太の心情を想像している。（音読・ノート） ・一人ひとりの感じ方によって，音読に違いがあることに気づき，感想を書いている。（付箋紙）	・叙述を基に想像したことを，友だちと伝え合おうとしている。 ・友だちの音読から行動や会話文，心内語を精査・解釈し，感想を伝えようとしている。
△	・目線…全員を見る。 ・表情…登場人物の気持ちを表現する。 ・速さ…必要な箇所で間を空ける。 ・声量…声の大小 上の4観点を十分に意識して表現できていない。	・行動や会話文，心内語への解釈を示さない。 ・一人ひとりの音読の違いを見つけられず，付箋紙で感想を書かない。（付箋紙）	・友だちと伝え合おうとしている。 ・友だちの音読から，行動や会話文，心内語を精査・解釈し，感想を伝えようとしない。

4 授業展開❶（第7時）

　作品の精査・解釈を深める「読みの課題（核心課題）」を追究する場面です。前半は読解，後半は音読練習を行います。

> 　また，じさまを起こした豆太は，これまでの豆太とどのようにちがうのだろう。

T　はじめの場面で「じさまあ」と言って，じさまを起こしていますね。そして，終わりの場面でも「じさまあ」と言って，じさまを起こしています。一見，同じに見えますが，豆太はこれまでの豆太とどのように違うのでしょうか？　班で話し合ってみましょう。
　　（各班で話し合いの後，全体交流）

C　1班は，勇気のある子供になったと思います。真夜中に，医者様を呼びに行けたからです。

C　3班は，前の場面（山場）で勇気を出したのに，最終的には前の豆太に戻ったんだと思います。

C　山場のときは，じさまが死んじゃう方がこわかったから，1人で夜道を歩けたけれど，終わりの場面では元気になったから，逆戻りしたんだと思います。

C　豆太は，じさまが死んでしまいそうになったら勇気が出せるように変わったんだと思います。元気になったら元に戻るって思う。

T　はじめの場面の臆病な豆太に戻ったということ？　何も変わらない？

C　（迷いながら）…ちょっとだけ，甘えた感じで読めばいいと思う。

T　どうして甘えるの？

C　え～っと…，本当は勇気が出せるから？

T　臆病と勇気が混ざったみたいですね。

058

以上のように，終わり場面の豆太に起きた変化についての考えを交流した後，次のように意味づけて，音読に生かすように促します。

T　みなさん，豆太のいろいろな変化を作品全体から想像していますね。自分が選んだ場面によって，豆太の会話の音読の仕方を変える必要がありそうです。臆病な豆太の「じさまあ」と，勇気があるときの豆太と，終わりの場面の豆太の「じさまあ」。元に戻ったように，少し甘えた感じで読むといいかもしれないですね。
　では，自分が選んだ場面をどのように音読すればいいのか。音読記号を書き加えながら，練習です。１人１分で交代。はい，最初の人，起立！

C　（音読を中断）ちょっといい？はじめの場面の「じさまあ」は，音読記号で弱く読む，にしたんだけど，ぼく強くなってなかった？
C　うーん，ちょっと強かったかも。私も同じ記号にした。弱く読む方がいいと思う。

T　班の練習時間がもうありません。音読をしたい子，全員起立！　始め！

第２章　定番教材のパフォーマンス評価実践例　059

5　授業展開❷（第9時，10時）

　前時までの学習を踏まえ，「1人1分間の音読大会」を開催します。
　1人1人，1分間という時間の中で，精一杯「語り」を行います。そして，「語り」直後にセルフチェックをしたり，班の友だちから感想の付箋をもらったり，翌日動画を視聴したりして，自分自身の成長した点を見つけていきます。

(「1人1分間の音読大会」翌日（第10時））

T　今回の学習で行った自分の音読を動画で見て，「ふりかえり」を書いてみましょう。
C　1回目の音読では，下を向いてばっかりだったなぁ。目線をみんなの方に向けるのが難しかった。
C　豆太の気持ちを想像するとか，あんまりできなかったよね。

1回目

C　2回目の音読は，顔がしっかり上がっていて，がんばったなぁ。
T　本当だ。随分変わったねぇ。○○さんは場面ごとに豆太の気持ちが変化しているのを音読の仕方に生かしていましたね。はじめの場面と終わりの場面では，音読記号の強弱のつけ方が違っていましたね。

2回目

T　自分の動画を見てみると，友だちが書いてくれたコメントの意味に，改めて気づくことがあります。じっくりと振り返ってみましょう。

C 先生,友だちの付箋に「『じさまあ』のところを小さくしてうまかったね」って書いてもらったのが,改めてうれしいって思いました。

T そうですね。○○さんはよくあなたの音読を聞いていてくれたんですね。

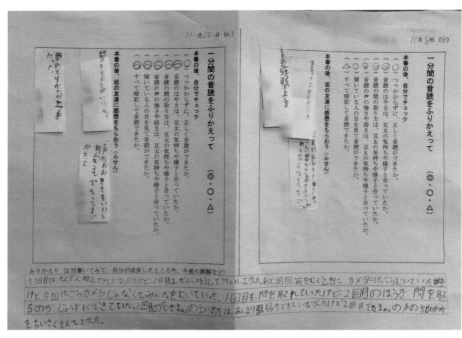

　音読する場面を暗記することができるようになって、随分と上達した子の例です。読解を生かし、「じさまあ」の言い方を工夫できました。

1回目のチェック
　　◎…3項目　○…2項目　△…1項目（すべて暗記して音読できたか）

2回目のチェック
　　◎…6項目

ふりかえり
　1回目はぜんぜん暗記できていなかったけど、2回目はぜんぶ暗記できていてよかった。あと前回、前をむくときに、カメラにけっこうむいていたけど、今回けっこうカメラじゃなくて、みんなを向いていた。…1回目の「じさまあ」の言いかたは、あんまり強弱ができていなかったけど、2回目「じさまあ」の声の言いかたをちいさく言えてよかった。

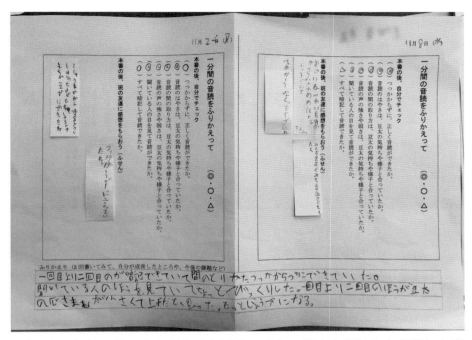

　「じさまあ」の読み方をどうすればよいのか，豆太の気持ちを想像した学習を踏まえて「小さく読む」ということを意識して練習した子供の例。さらに上手になりたいという思いが，自己評価を厳しくしています。

1回目のチェック
　　◎…5項目，△…1項目（すべて暗記して音読できたか）

2回目のチェック
　　◎…4項目　○…2項目（つっかからずに，正しく音読ができたか／すべて暗
　　　　　　　　　　　　記して音読できたか）

ふりかえり
　　…一回目より二回目のほうが豆太の「じさまあ」が小さくて上手だと思った。
もっとじょうずになる。

第2章　定番教材のパフォーマンス評価実践例　063

3年／町の行事について調べよう

ＫＰ法で町の行事を発表しよう！

1 単元計画（9時間）

次／時	学習活動	・指導／●評価
第1次 1時 〜 2時	1　教師のＫＰ法を見て，地域の様々な行事についてのイメージを広げ，学習計画を立てる。 2　ＫＰ法による発表を体験し，「ＫＰチャート」を書く。（1回目） 3　クラス発表会と「ＫＰチャート」（2回目）に向け，取材する行事を班で1つ決定する。	・ＫＰ法の仕方を確かめ，写真を示しながら紹介することや，理由を述べながら説明することについて知る。 ・単元を通じためあてを確認する。 ●町の行事の豊富さに気づき，ＫＰ法に進んで取り組んでいる。（観察）
第2次 3時 〜 4時	学習課題 「○○とは，どのような行事なのだろう」 1　本時のめあてをもつ。 2　パソコンルームで調べ学習を行う。 3　学習を振り返る。	・「日時」「場所」「内容」「その他」の項目ごとに取材する。 ・「取材メモ」に多くの情報を箇条書きで集めさせる。 ●取材メモに「日時」「場所」「内容」「その他」が詳しく書かれている。（ワークシート）
5時	学習課題 「ＫＰシートに書く言葉は何がよいだろう」 1　本時のめあてをもつ。 2　小集団で話し合い，課題解決を行う。 3　学習を振り返る。	・ＫＰシート1枚あたり20文字程度の字数とすることを押さえる。 ・取材メモを読み返し，必要な情報は何かを考えさせる。 ・班の中で，ＫＰシートに書く言葉が適切かどうか，検討させる。 ●取材メモから必要な情報を選び，伝える事柄や，順序を考えている。（発言・ワークシート）

6時	学習課題 「こうせいは，聞き手にわかりやすいだろうか」 1　本時のめあてをもつ。 2　小集団同士で交流し，聞き手にわかりやすいかどうかを考える。 3　学習を振り返る。	・聞き手に伝えたい情報が，理由や事例を示しながら伝えられているかを確かめさせる。 ●他の班のアドバイスを参考にし，聞き手にわかりやすい構成を考えている。（観察・学習シート）
7時	学習課題 「KPシートに清書し，練習をする」 1　本時のめあてをもつ。 2　清書を行う。終わった班から，本番に向けて練習をさせる。 3　学習を振り返る。	・KPシートの右上にシートの番号と，発表者の名前を書くことを確認する。 大きさ…「3」の声！ 強さ　…大事な情報を強く読む！ 間　　…大事な情報を言う直前に間をあけよう。 ●清書を完成させ発表に向けて積極的に練習している。（観察・KPシート）
8時 ～ 9時	1　クラス発表会を行い，「KPチャート」（2回目）を書く。 2　1回目，2回目の発表内容の変化を振り返る。	・自分自身の発表の変容をどう捉えるか，1回目との違いを省察させる。 ●言葉の抑揚や強弱，間の取り方などに注意して話し，大事なことをメモしながら聞いている。（KPチャート）

KP法とは？

　KP法とは，川嶋直（2013）が提案した方法で「紙芝居（K）プレゼンテーション（P）法」の略です。

　キーワードやイラストなどを書いた何枚かの紙（KPシート）をホワイトボードなどにマグネットを使って貼りながらプレゼンテーションを行います。KPシート10～15枚で1つのテーマを構成します。この一つひとつのまとまりを「KPセット」といいます。1セットはおよそ2分から5分程度で話し終える分量です。

　さらに詳しく知りたい方は，『KP法　シンプルに伝える紙芝居プレゼンテーション』『アクティブラーニングに導くKP法実践』（みくに出版）を参照ください。

第2章　定番教材のパフォーマンス評価実践例　065

2　パフォーマンス評価の概要

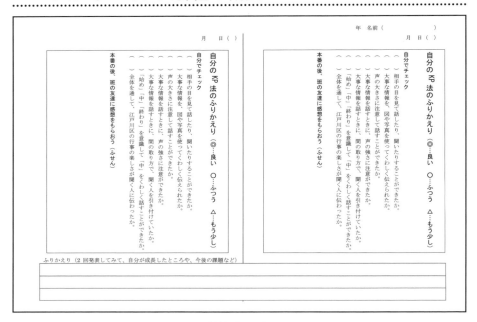

ＫＰチャート

　「ＫＰチャート」は，単元のはじめに行うＫＰ法とその感想（図の右側）と，学習計画を進めた後のＫＰ法とその感想（図の左側）を視覚的に一望できる構成のチャートです。チェックリストの部分は，話し方のスキルを細かなポイントごとにあげ，自己評価できるようにしました。

　生活班の友だちから自分の発表を聞いた後に感想を書いてもらえるように，右端にスペースを設けておきます。

　また，振り返り欄（図の下段）を用意し，自己の成長を記述できるようにします。

　「ＫＰチャート」によるパフォーマンス課題は，以下の通りです。

> 自分がとくに調べてみたいことを KP 法でつたえます。
> 以下のじょうけんをまもってつたえましょう。
> じょうけん
> ●クラスで共通のKPシートを使う。
> ●KPシートの順番を自分で考える。
> ●自分がとくに調べたいことは付箋1枚に書き，班の画用紙に貼る。

　はじめてKP法を行う学級の場合，KPシートをつくるところからいきなり行わせるのはハードルが高過ぎます。そこで，教師がモデルとなるKPシートをグループの数分用意しておき，KP法による発表を体験させます。

　KPシートには，地域の行事についての写真があります。発表する子供の思いによって，提示する順番を自分なりに考えさせます。すると，写真から発表する子や，文字情報を先に発表する子が出てきます。これにより，写真と文字のどちらを先に提示することが効果的なのかを考えさせるきっかけにもなります。

　KP法で発表してみる中で，自分が特に調べてみたいことを付箋に書かせ，紹介をすることで，班の友だちに個々の問題意識が共有されます。

【手順1】「KPチャート」を配付し，半分に折らせる。
　　　　　チャートの右側を書く。
【手順2】教師が用意したKPシートを使用し，KP法を体験する。
　　　　　「KPチャート」で自分の話し方を振り返り，友だちからコメントをもらう。
【手順3】次時以降，調べ学習・KPシート作成・練習を経て，クラス発表会を行う。クラス発表会で，「KPチャート」（2回目）を書く。
【手順4】「KPチャート」を一望し，右側と左側を対比する。
　　　　　自分自身の変容を省察し，振り返り（下段）を書く。

第2章　定番教材のパフォーマンス評価実践例　067

3 パフォーマンス評価のルーブリック

	知識・技能	思考力・判断力・表現力等	主体的に学習に取り組む態度
◎	・声量・発声の強弱・間や目線が聞き手に伝わるよう，豊かに表現している。 ・「日時」・「場所」・「内容」・「その他」などの大事な情報をKPシートに含めている。	・相手に伝わるような話し方で図や写真を用いて，行事が楽しい理由や事例を詳しく話している。 ・「日時」「場所」や話の中心となる「内容」を提示し，行事の楽しさを詳しく伝えている。 ・相手が伝えたことの要点をメモしている。	・KP法に進んで取り組もうとしている。 ・振り返りを通じ，自分自身や友だちの学び方のよさや今後のめあてに気づいている。 ・自分と友だちの話し方や聞き方の違いに気づき，そのよさを認めている。
○	・声量・発声の強弱・間や目線が聞き手を意識して伝わるように表現している。 ・「日時」・「場所」・「内容」をKPシートに含めている。	・相手に伝わるような話し方で図や写真を用いて，行事が楽しい理由や事例を話している。 ・「日時」「場所」や話の中心となる「内容」を提示し，行事の楽しさを伝えている。 ・相手が伝えたことをメモしている。	・KP法に取り組もうとしている。 ・振り返りを通じ，自分自身や友だちの学び方のよさや今後のめあてに気づいている。 ・自分と友だちの話し方や聞き方の違いに気づいている。
△	・声量が少なく，発声の強弱・間や目線が聞き手に向けられていない。	・行事の日時や場所，内容の説明がわかりにくい。	・友だちと自分の話し方や聞き方の違いに気づいていない。

4　授業展開❶（第6時）

KPシートの構成を検討し，内容のわかりやすさを考える時間です。

> こうせいは，聞き手にわかりやすいだろうか。

T　「聞き手にわかりやすい」とはどういうことでしょうか？
C　図や写真が使えているとわかりやすいと思います。
C　簡単なことから，だんだんと詳しく説明するといいと思います。
T　そうですね。図や写真が上手に使えると，「内容が詳しく，もっと聞きたいな」と思ってもらえるものです。そして，はじめは簡単な内容を伝えて，だんだんと詳しい説明ができるといいですね。
　　では，班で聞き手にわかりやすい構成になるかどうか，一人ひとりが付箋に書いたことを貼ってみましょう。説明するときの構成が，聞き手にわかりやすいかどうか，考えてみましょう。

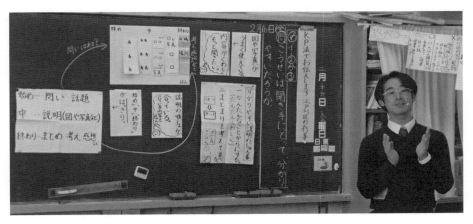

（班で小集団学習）
T　並べてみて，どうですか？　今，とりあえず置いてみましたよね。

Ｃ１　…ここで「花火は何発上がるでしょう」ってクイズを出しているから，Ｃ２さんの調べた「15000発打ち上げます」っていう付箋がすぐ貼られた方がいいんじゃないかな。
Ｃ２　あ，あとＣ３さんの「花火は５秒間に1000発あげます」を，Ｃ２さんの後にしたらいいんじゃないかな。
Ｃ３　私とＣ２さんは中一・中二になった方が，詳しくわかりそうだね。
　　　最初にＣ１さんの「日時」「場所」「内容」を言った方がいいのかな。
Ｃ４　ああ，そうしたら簡単なことを伝えてから，詳しく説明する構成だ。

　班で検討をした後，実際にわかりやすいと思ってもらえるかどうか，同じ行事を紹介する班同士で練習を行います。

Ｔ　ではここからは，同じ行事について発表する班同士で，発表を聞き合ってみましょう。聞いたら，わかりやすいかどうかコメントしましょう。
Ｃ　（班の発表を受けて）Ｃ１さんが最初に，○○の行事があることを写真を見せながら言って，その後に日時と場所をＣ２さんが言っているからわかりやすいです。
Ｔ　Ｃ１さんとＣ２さんの話がつながっている？
Ｃ　うん。

T では，もっとよい発表にするためには，何をしたらいいだろうね。

C もっと大きな声で，はっきり話せるといいんじゃないかな。

T 話の中身はわかりやすい，ということ？

C うん。

T ということは，今日の学習課題「わかりやすい構成」っていうのはできているんだ。

C あっ…，でも付箋を読み間違えていたから，そこは気をつけた方がいいと思う。

T よし，ではチェンジしてみよう。

…

●第6時の振り返りの記述例

・6はんにこうせいをみとめられてよかった。

・ちゅういされたことを，次は直せるようにしたいです。

・こうせいで，始めと中が少しごちゃごちゃしてしまった。○○さんのクイズは説明がすぐに来るので，（始めではなく，）中でよいと思う。

・□□くんは，コマについて言っているから，ＶＲたいけんのことをどこで話せばいいのか，分からなかったけど，7はんにアドバイスをしてもらって，分かった。

・ならび方が不安定なまま1ぱんがきてしまって，とんちんかんに発表してしまったので，次はもっとせいりしてから発表したい。

　子供は，班の中で並べているだけでは気がつかなかった様々なことを，班同士で学び合う中で理解しています。付箋は，ＫＰシートに見立てた下書きですが，発表をする情報をどのような順番で話せばよいのかを試行錯誤するのに非常に向いていると言えます。また，一人ひとりが短冊に付箋を貼っているので，班の中で意味のまとまりごとに話すことができます。

5　授業展開❷（第8時）

　前時までの学習を踏まえ，クラス発表会を行います。発表が終わったら，「ＫＰチャート」を書きます。生活班の子が発表をしたときに，付箋に感想を書いて渡します（発表するグループと生活班のグループは別の小集団に設定します）。

Ｔ　さあ，これまでの学びを生かして，発表会を開きます。発表が終わったら，ＫＰチャートをもう一度書きましょう。
　　まず，これまでの学びを振り返ってみましょう。

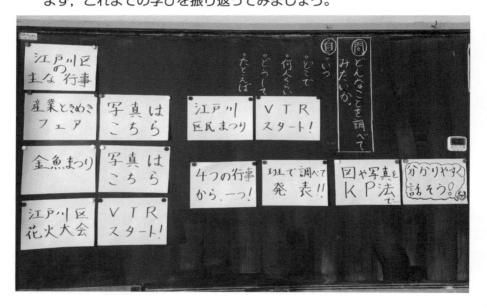

Ｃ　先生の発表で，はじめてＫＰ法っていう発表方法を知りました。
Ｃ　写真を使っているから，どの行事も楽しそうに見えて，どれも知りたくなっちゃいました。
Ｃ　私は，自分が行ったことのある行事があったので，すぐに決まりました。

C 最初は,先生がつくってくれたKPシートでKP法をやってみたけど,目線がすぐに紙の方を向いてしまいました。
C でも,友だちの感想で励ましてもらったのがうれしかったです。
C 自分では△だと思ったけど,友だちにほめてもらえると,もっとがんばって,発表が上手になりたいなっていう気持ちになりました。
C 調べ学習したことを,メモした付箋を使って構成がわかりやすいか確かめたから,自信がついたよ。

C　（発表本番）江戸川花火大会は，江戸川の河川敷で行われます。…

C　ホワイトボードにＫＰシートを貼って，発表が上手にできたかどうか，振り返ってみよう。
C　班の友だちから感想をもらえた。うれしいなぁ。

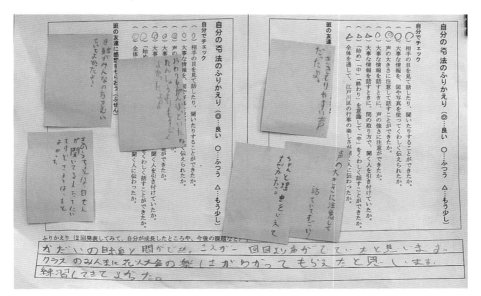

　ルーブリックで◎となる子供の例です。この子は，単に発表のとき大きな声や間を取りながら話す点で優れていただけではなく，構成がわかりやすいものになるように工夫して，班で話し合いを重ねられました。2回目の方が自己評価もよい結果になっています。

　この時期の子供（小学3年生）は，声の出し方や目線など，スキルに意識がいきがちです。そして，確かなスキルを身につけない限り，内容や構成にはなかなか目が向かないものです。友だち同士で話し合う中で，スキルだけでなく，内容を整理して話すことが大事だということを少しずつ理解していきます。即ち，知識・技能と思考力・判断力・表現力等，主体的に学習に取り組む態度の柱は，絡み合いながら少しずつはぐくまれるものと言えます。

ふりかえり
　かだいの目線と間ができた。一回目より声がでていたと思います。クラスのみんなに花火大会の楽しさがわかってもらえたと思います。練習してきてよかった。

第2章　定番教材のパフォーマンス評価実践例　075

3年／おにたのぼうし

１人１分間の「語り」大会を開こう！

1　単元計画（8時間）

次／時	学習活動	・指導／●評価
第1次 1時 〜 3時	1　「おにたのぼうし」を読み，登場人物，場面分け，主な出来事を確かめる。 2　「おにたのぼうし」を読んだ感想を3行程度書く。 3　1人1分間の「語り」*をやってみて，「語り」チャート（1回目）を書く。「1人1分間の『語り』大会」に向け学習計画を立てる。	・登場人物…おにた，女の子，女の子のお母さん，まことくん ・場面分け…「時・場・人物・主な出来事」での場面分け。 ・「おもしろい・不思議だと思ったこと」を視点にする。 ・単元を通じためあてを確認する。 ・1分で「語り」をできる叙述の範囲を選ばせる。 ●物語文「おにたのぼうし」を楽しみながら読んでいる。（観察） ●叙述を基にして，考えたことを書いている。（感想）
第2次 4時	読みの課題（重要課題） 「おにたは，どんな気持ちで女の子にごちそうをあげたのだろう」 1　本時のめあてをもつ。 2　小集団・集団で話し合い，課題解決を行う。 3　学習を振り返る。	・「もう夢中で」「雪まみれの麦わらぼうし」「ふきんをかけたおぼん」等，様子を表す言葉を踏まえて考えることを指導する。 ・「女の子がお母さんについた嘘を本当にしてあげたい」「自分は雪まみれでも助けたい」という考え等に整理し，男の子へのお詫びの品であることを押さえる。 ●おにたの行動や会話を踏まえて，想像したことを表現している。（発言・ノート）

＊音読・朗読が文字を読みながら表現するのに対して，「語り」は暗唱を基本とし，聞き手に目線を向け，語り手の作品世界を声で表現する。二瓶弘行先生が多くの実践をされています。

5時	読みの課題　（核心課題） 「ぼうしを残して消えたおにたは，どんな気持ちなのだろう」 1　本時のめあてをもつ。 2　小集団・集団で話し合い，課題解決を行う。 3　学習を振り返る。	・「手をだらんと下げて，ふるふるっと悲しそうに」「おにだって，いろいろあるのに」等の叙述に着目し，行動や会話等，様子を表す言葉を踏まえることを指導する。 ・「わかってもらえなくて，悲しい」「神様だと言われてうれしい」という相反する考えを整理し，おにたが女の子のために消えたことを押さえる。 ●女の子の行動や会話文を踏まえ，想像したことを表現している。（発言・ノート）
6時	1　本時のめあてをもつ。 2　班で交代しながら「語り」の練習を行う。 3　学習を振り返る。	・「おにだって，いろいろあるのに」「麦わらぼうしだけが，ぽつんとのこっています」等の叙述に着目し，行動や心内語，会話文の様子が伝わるように，目線・表情・速さ・声量を工夫するように指導する。 ●目線・表情・速さ・声量を工夫し，友だち同士で学び合っている。（観察・振り返り）
7時	1　本時のめあてをもつ。 2　1人1分間の「語り」大会を開き，「語り」チャートを書く。 （2回目） 3　学習を振り返る。	・「語り」手は，特に目線を全体に向けることを意識することを指導する。 ・聞き手は，目線を反らさずに友だちの「語り」を受け止めるように指導する。 ・自分自身の「語り」をどう捉えるか，各観点ごとに省察させる。 ●自分や友だちの「語り」を通して，考えたことを書いている。（「語り」チャート）
8時	1　本時のめあてをもつ。 2　パソコンルームにて，自分や友だちの行った「語り」の動画を視聴し，自分の成長点を振り返る。	・第3時に行った1回目の「語り」の動画と，第7時に行った2回目の「語り」の動画を比較し，自分自身の成長点を中心に振り返ることを指導する。

第2章　定番教材のパフォーマンス評価実践例　077

2　パフォーマンス評価の概要

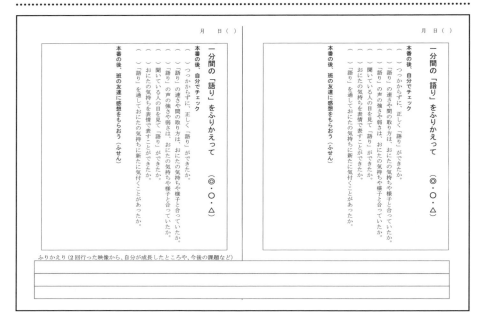

「語り」チャート

　「『語り』チャート」は，単元のはじめに1人1分間の「語り」をしてみる段階（図の右側）と，学習計画を進めた後，単元の終盤に行う，1人1分間の「語り」大会の段階（図の左側）のパフォーマンスを視覚的に一望できる構成のチャートです。自分の「語り」をセルフチェックする項目と，友だちからの感想（付箋に書いてもらう）を添付する部分に分かれています。

　このような構成にすることで，単元のはじめに「語り」をしたころよりも，単元の終盤に行う「語り」が，精査・解釈を深めた「語り」になったことを子供が実感できるようになります。「語り」の様子は動画で記録しておき，子供に自分の「語り」を映像で確認させます。そして，自分自身のパフォーマンスを振り返ることができるように，振り返り欄（図の下段）を用意してあります。

「『語り』チャート」のパフォーマンス課題は，以下の通りです。

> 「おにたのぼうし」で，1人1分間の「語り」を行いましょう。
> 「語り」が終わったら，「『語り』チャート」を書きましょう。
> 「語り」は，以下のじょうけんをまもって行います。
> じょうけん
> ● 「おにだって，いろいろあるのに。おにだって……」という会話
> 　文を含める。

　「おにたのぼうし」は，おにたが助けたいと思った女の子に，人間と鬼のわかり合えない切なさを味わわされ，それでもなお，女の子のために振る舞おうとする作品です。「おにだって，いろいろあるのに。おにだって……」という会話文には，物語の冒頭から一貫しておにたが抱いている人間に対する違和感があらわれています。おにたの思いを想像し「語り」で表現することで，子供はおにたの思いを再確認したり読み味わったりしていきます。

　「1人1分間」という時間にした意図は，長大な物語文であっても，1分間程度なら，学級のすべての子供が十分に暗唱をして，作品世界を表現することが可能だ，という点を考慮したものです。また，すべての子供が一単位時間（45分間）で活動を終えられる点もメリットとしてあげておきます。

【手順1】「『語り』チャート」を配付した後，半分に折らせる。1人1分間の「語り」を終えた後，チャートの右側を書く。生活班の友だちが「語り」をした際は，付箋紙に感想をひと言書き，手渡す。
【手順2】読み深めた後日，「1人1分間の『語り』大会」を行う。
【手順3】左側を【手順1】と同じ条件で書く。
【手順4】2回行った「語り」を動画で視聴し，チャートの右側と左側を対比する。自分自身の変容を省察し，振り返り（図の下段）に書く。

第2章　定番教材のパフォーマンス評価実践例　079

3　パフォーマンス評価のルーブリック

	知識・技能	思考力・判断力・表現力等	主体的に学習に取り組む態度
◎	・目線…全員を見る。 ・表情…登場人物の気持ちを表現する。 ・速さ…必要な箇所で間を空ける。 ・声量…声の大小 上の4観点を優れた「語り」で表現している。	・行動や会話文，心内語を基に，場面の様子やおにたの心情を想像している。（「語り」・ノート） ・一人ひとりの感じ方によって，「語り」に違いや共通点に気づき，感想を書く。（付箋紙）	・叙述を基に想像したことを，意欲的に友だちと伝え合おうとしている。 ・友だちの「語り」から行動や会話文，心内語を精査・解釈し，進んで感想を伝えようとしている。
○	・目線…全員を見る。 ・表情…登場人物の気持ちを表現する。 ・速さ…必要な箇所で間を空ける。 ・声量…声の大小 上の4観点を概ね「語り」で表現している。	・行動や会話文，心内語を基に，おにたの心情を想像している。（「語り」・ノート） ・一人ひとりの感じ方によって，「語り」に違いがあることに気づき，感想を書いている。（付箋紙）	・叙述を基に想像したことを，友だちと伝え合おうとしている。 ・友だちの「語り」から行動や会話文，心内語を精査・解釈し，感想を伝えようとしている。
△	・目線…全員を見る。 ・表情…登場人物の気持ちを表現する。 ・速さ…必要な箇所で間を空ける。 ・声量…声の大小 上の4観点を「語り」で概ね表現している。	・行動や会話文，心内語への解釈を示さない。 ・一人ひとりの「語り」の違いを見つけられず，付箋紙で感想を書かない。（付箋紙）	・友だちと伝え合おうとしている。 ・友だちの「語り」から行動や会話文，心内語を精査・解釈し，感想を伝えようとしない。

4 授業展開❶（第5時）

作品の精査・解釈を深める授業です。

> ぼうしを残して消えたおにたは，どんな気持ちなのだろう。

T 「手をだらんと下げて，ふるふるっと，悲しそうに…」とありますね。

C やっぱり，悲しいのだと思います。手をだらんと下げているのは，悲しくて悲しくて，たまらないのだと思います。

C ぼくは，「悲しいけど，しょうがないか」と思ったのだと思います。おにたは「人間っておかしいな」と，はじめの場面で言っていて，女の子も「おには悪いもの」って思っているから。

C おかしいって思っているんだと思います。女の子って，おにを悪いと決めているから。不満な気持ちだと思います。

T みなさん，おにたの色々な「悲しい」思いを作品全体から想像をしていますね。作品の中に証拠はありますか？

C 「おにだって，いろいろあるのに。おにだって……」という会話文。

C そうそう，この会話文。

T やはり，そこですか。

C この会話文は，おにたの悲しい気持ちがつまっていると思います。

　この場面を全体で精査・解釈したうえで，次のように発問を出します。

T では，おにたは悲しくて，不満な気持ちだっただけなのでしょうか？みなさんの中には，「うれしい」気持ちだったと考えた人がいるのですが…。

第2章　定番教材のパフォーマンス評価実践例　081

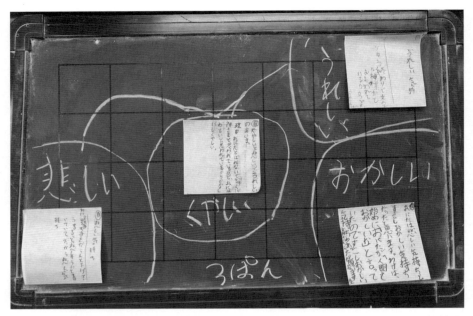

C 女の子が、おにたを「神様」だって思うから、おにたはうれしい気持ちだったと思います。

C えぇ!? だって、おにたは消えちゃうんだよ。

C そんなことないよ。きっと黒豆になったんだよ。

C ちょっと待ってよ。そんなことどこに書いてあるの？

C 「黒い豆! まだあったかい……」ってあるでしょ。おにたが黒い豆になったから、あったかいんだよ。

C 違うと思うよ。おにたはぼうしの中に黒い豆をかくしていたんだよ。
（教室内各所でザワザワと論争が始まる）

T みなさん、みなさん。落ち着いてください。それでは、おにたが黒豆になったのか、そうではないのか。5分だけ話し合ってみましょう。黒豆になったと思う人は廊下側に、そうではないと思う人は窓側に行きなさい。迷っている人は、ロッカーの前で友だちの意見を聞いてみましょう。

C まことくんのときだって、おにたはこっそりといなくなっているんです。

だから，女の子のときだって，いなくなっただけだと思います。
T　確かに，おにたはいなくなりました。
C　いやいや，待ってください。麦わらぼうしを置いているから，こっそりしていないし，「氷がとけたように」いなくなったんだから，豆になったとしか思えません。
T　ぼうしを残していますね。つのを隠せなくなりました。
C　黒豆になったから，つのはもう隠さなくていいんです。
T　おにたが黒豆になったかどうか，はっきり書かれてはいませんが，おにたが悲しんだ後に消えて，「神様」と言われたことをみなさんがどう考えるかによって「語り」方が変わりそうですね。

● A児の振り返り
・自主学習におにたが黒い豆になった理由を書きたい。

● その日のA児の自主学習ノートの記述
「しかたがない気持ち」
理由
おにだっていろいろあるということに気付いてもらえず，女の子が豆まきをやりたいって言うから買いには行けないから自分が豆になったと思う。

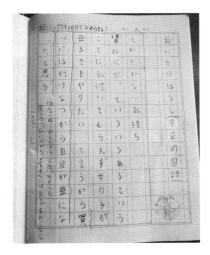

5　授業展開❷（第7時，8時）

　前時までの学習を踏まえ，1人1分間の「語り」大会を開催します。一人ひとり，1分間という時間の中で精一杯「語り」を行います。そして，「語り」直後にセルフチェックをしたり，班の友だちから感想の付箋をもらったり，翌日動画を視聴して自分自身の成長点を見つけたりしていきます。

　以下は，1人1分間の「語り」大会翌日（第8時）の授業の様子です。

T　今回の学習で行った自分の「語り」を動画で見て，「ふりかえり」を書いてみましょう。

C 1回目の「語り」では,全然暗唱ができなかったし,作品を読むことで精いっぱいだったなぁ。
C (すべての項目に△より下の×をつけようとした子供)2回目も,教科書を少しだけ見ながらだった…。
T ちょっと待って。こうやって映像を見ると,随分上手になっているよ。1回目のころは,顔が上がっていないけれど,2回目になると,前を向いて,おにたの悲しい様子を表情で表せているでしょう。もう一度よく見てごらん。
C あぁ!
T だからね,あなたはもっと自信をもっていいんだよ! とっても上手になったでしょう。あなたは×じゃなくて○だと思うよ。ほら,お友だちも,「1回目より目せんがよくて,声がでていたよ」って書いているでしょう。

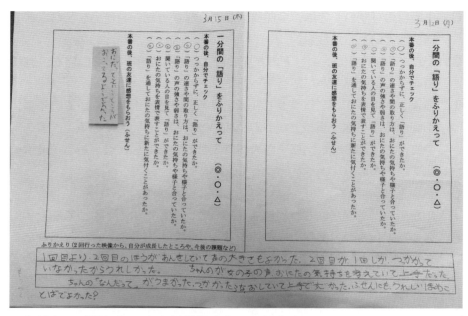

　友だちの「語り」のよさが登場人物の心情を表したものであることに気づいています。「思考力・判断力・表現力等」や「主体的に学習に取り組む態度」が育っています。

1回目のチェック
　　◎…4項目　○…2項目

2回目のチェック
　　◎…5項目　○…1項目（つっかからずに，正しく「語り」ができたか）

ふりかえり
　　1回目より，2回目のほうが，あんきしていて声の大きさもよかった。2回目が，1回しかつっかかっていなかったからうれしかった。○○ちゃんのが女の子の声，おにたの気持ちを考えていて上手だった。◆◆ちゃんの「なんだって」がうまかった。…

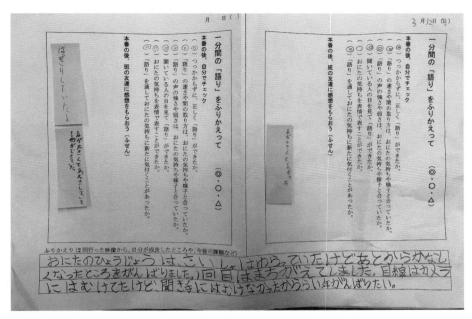

　1回目の「語り」では，登場人物の表情を十分に表せていなかった，と反省していますが，学習を積み重ねた結果，2回目は成功した自信をもてています。来年に向けためあても立てているところが優れた省察です。

1回目のチェック
　◎…5項目，○…1項目（おにたの気持ちを表情で表すことができたか）

2回目のチェック
　◎…6項目

ふりかえり
　おにたのひょうじょうは，さいしょはわらっていたけど，あとからかなしくなったところをがんばりました。1回目はまちがえてしまいました。目線はカメラにむけてたけど，聞き手にはむけなかったから，らい年がんばりたい。

第2章　定番教材のパフォーマンス評価実践例　　087

4年／白いぼうし

「夏みかんチャート」で
読みを深めよう！

1 単元計画（7時間）

次／時	学習活動	・指導／●評価
第1次 1時 〜 3時	1 「白いぼうし」を読み，登場人物の人物関係図，場面分け，主な出来事を確かめる。 2 「白いぼうし」を読んだ感想を「夏みかんチャート」に書く。（1回目） 3 「夏みかんチャート」（2回目）に向け，学習計画を立てる。	・登場人物…松井さん，女の子，しんし，男の子，仲間のちょう ・場面分け…「時・場・人物・主な出来事」での場面分け。 ・「おもしろい・不思議だと思ったこと」「自分のタクシー体験・ちょうちょ体験などをふまえた作品全体の感想」を条件とする。 ・単元を通じためあてを確認する。 ●物語文「白いぼうし」を楽しみながら読んでいる。（観察） ●叙述を基にして，考えたことを書いている。（夏みかんチャート）
第2次 4時	読みの課題（重要課題） 「松井さんは，どんな思いで白いぼうしの中に夏みかんを入れたのか」 1 本時のめあてをもつ。 2 小集団・集団で話し合い，課題解決を行う。 3 学習を振り返る。	・「石でつばをおさえる」「どんなにがっかりするだろう」等，行動や心内語を踏まえて考えることを指導する。 ・「夏みかんでゆるしてくれるかな」という考え，「男の子を喜ばせてあげたい」という考え等に整理し男の子へのお詫びの品であることを押さえる。 ●松井さんの行動や心内語を踏まえ，想像したことを表現している。（発言・ノート）

088

5時	読みの課題（重要課題） 「女の子は，ちょうちょなのだろうか」 　1　本時のめあてをもつ。	・「後ろから乗り出して，せかせかと言いました」「バックミラーには，だれもうつっていません」等を焦点化し，行動や会話文を踏まえることを指導する。
	2　小集団・集団で話し合い，課題解決を行う。	・「また男の子につかまりたくない」という考え，「菜の花横町で，ちょうに化けてにげた」という考え等に整理し，女の子はちょうちょの証拠を残して消えた点を押さえる。
	3　学習を振り返る。	●女の子の行動や会話文を踏まえ，想像したことを表現している。（発言・ノート）
6時	読みの課題　（核心課題） 「『よかったね』『よかったよ』とは，どういう意味なのか」 　1　本時のめあてをもつ。 　2　集団で話し合い，課題解決を行う。 　3　話し合ったことを基に，どのような感想を抱いたかを表現する。	・「白いちょうが，二十も三十も」飛んでいた点，「シャボン玉のはじけるような小さな小さな声」が聞こえた点等，行動や心内語，会話文を踏まえて考えることを指導する。 ・松井さんに感謝を伝えた描写が無いように見える点をどう思うか，と投げかける。 ・松井さんに対して，ありがとう，と思っている・感謝の気持ちは伝わっておらず，松井さんがかわいそう・描かれていないが，松井さんに感謝を伝えたのではないか…等の，多様な感想を引き出す。
	4　学習を振り返る。	●松井さんや女の子，仲間のちょうの様子を表す言葉を基に，想像したことを表現している。（発言・ノート）
7時	1　「白いぼうし」を読んだ感想を「夏みかんチャート」に書く。（2回目）	・「おもしろい・不思議だと思ったこと」「自分のタクシー体験・ちょうちょ体験・親切にしたりされたりした体験などをふまえた作品全体の感想」を条件とする。
	2　1回目，2回目の記述内容の変化を振り返る。	・自分自身の感想文の変容をどう捉えるか，1回目との違いを省察させる。 ●叙述を基にして，考えたことを書いている。（夏みかんチャート）

第2章　定番教材のパフォーマンス評価実践例　089

2　パフォーマンス評価の概要

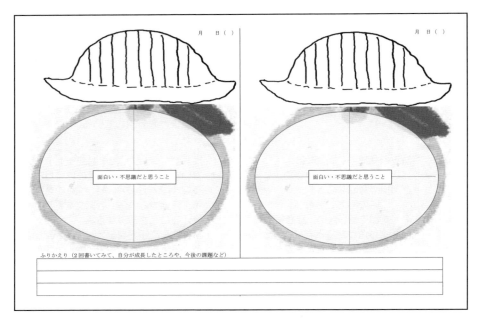

夏みかんチャート

　「夏みかんチャート」は，単元のはじめに書く初発の感想（図の右側）と，学習計画を進めた後，単元の終盤に書く結びの感想（図の左側）を視覚的に一望できる構成のチャートです。夏みかんの部分は自分の感想と友だちの感想を書く部分に分かれ，友だちと感想を交流する中で記述します。このような構成にすることで，初発の感想を書いたころよりも，作品に対する感想が精査・解釈を深めた記述になることを子供が対話を通じて実感できるようになります。自分の感想文の変化を振り返ることができるように，振り返り欄（図の下段）を用意してあります。

　「夏みかんチャート」のパフォーマンス課題は，以下の通りです。

「夏みかんチャート」に🏠，👥を集め，作品全体の感想を書こう。

以下のじょうけんをまもって書きましょう。

じょうけん

●おもしろい・不思議だと思ったことを交流しながら書く。

●自分のタクシー体験・ちょうちょ体験・親切にしたりされたりした体験を踏まえて，作品全体の感想を書く。

　「白いぼうし」は，現実世界では説明がつかない出来事を読み味わう作品です。そのため，おもしろいと思う出来事や，不思議だと思う出来事が心に残るものです。これを友だちと共有することで，子供は読み味わうことの楽しさを広げていきます。また，教師は子供が話し合いたい事柄をリアルタイムで把握することができます。さらに，自分のタクシー体験（タクシーに乗ったときの体験）やちょうちょ体験（ちょうちょを見たり，捕まえたりした体験）を想起して感想を書かせることで，作品を読み味わうだけでなく，作品の言葉を手がかりに，身の回りの人や物事への見方・考え方を改めることにもつながっていきます。

　このように，初発の感想を書かせる段階から，何についての感想を書くのかを教師が明示することは，その後の単元計画に有効に働きます。

【手順1】「夏みかんチャート」を配付した後，半分に折らせる。
　　　　　チャートの右側を書く。

【手順2】読み深めた後日，教師の範読・子供の黙読などを通じて，改めて作品を全文通して読む。

【手順3】左側に【手順1】と同じ条件で結びの感想を書く。

【手順4】「夏みかんチャート」を一望し，チャートの右側と左側を対比する。自分自身の変容を省察し，振り返り（図の下段）に書く。

第2章　定番教材のパフォーマンス評価実践例　091

3 パフォーマンス評価のルーブリック

	知識・技能	思考力・判断力・表現力等	主体的に学習に取り組む態度
◎	・行動や会話文，心内語を各場面から見つけて，感想の根拠にしている。 ・見つけた叙述をあげて根拠にするだけでなく，叙述の役割を理解したうえで感想文への書き表し方を工夫している。	・行動や会話文，心内語を精査・解釈したことを基に，豊かに想像できている。 ・自分の経験を作品の感想と関連づけながら書くことができている。 ・一人ひとりの感じ方によって違いや共通点があることに気づいている。	・叙述を基に想像したことを，意欲的に友だちと伝え合おうとしている。 ・友だちの表現から，行動や会話文，心内語を精査・解釈し，進んで想像しようとしている。
○	・行動や会話文，心内語を一場面から見つけて，感想の根拠にしている。 ・見つけた叙述をあげて感想の根拠にしている。	・行動や会話文，心内語への解釈を基に，想像できている。 ・自分の経験を作品の感想の中で書くことができている。 ・一人ひとりの感じ方によって違いがあることに気づいている。	・叙述を基に想像したことを，友だちと伝え合おうとしている。 ・友だちの表現から，行動や会話文，心内語を精査・解釈し，想像しようとしている。
△	・行動や会話文，心内語を感想文の根拠にしていない。	・行動や会話文，心内語への解釈を示さない。 ・自分の経験を作品の感想の中で書いていない。	・友だちと伝え合おうとしている。 ・行動や会話文，心内語を踏まえずに想像している。

4 授業展開❶（第6時）

　作品に対する感想を深める，第6時の「読みの課題（核心課題*）」を紹介します。

> 「よかったね」「よかったよ」とは，どういう意味なのか。

T　いったい，「だれが」言っていて，「何が」よかったのでしょう？
　　また，「どうして」よかったのでしょうね？

C　「よかったね」は，仲間のちょうが言っていると思います。松井さんが，女の子（ちょうちょ）を逃がしてくれて，「よかったね」なんだと思います。

C　私は，仲間のちょうがまた会えて，「よかったね」と言っているのだと思います。

C　ぼくは，仲間のちょうが松井さんにタクシーで運んでもらって「よかったね」だと思います。

T　みなさんいろんな想像をしていますね。作品の中に証拠はありますか？

C　「シャボン玉のはじけるような小さな小さな声」というのは，人間の声ではないことを表していると思います。シャボン玉のはじける音は，ふつう聞こえないからです。

C　たしかに，この様子を表す言葉は，ちょうの言葉が聞こえているみたい。

T　では，「よかったよ」とは，どういう意味だろう？

C　女の子のちょうが言っていて，また，仲間に会えてよかったよ，帰って来られて本当にうれしい，ということだと思います。

---

*藤原隆博（2018）「『確認事項→重要課題→核心課題』三層構造の発問で読み深める」（『国語教育5月号』（明治図書））を参照。

この場面を全体で精査・解釈したうえで、次のように発問を出します。

T　みなさん、女の子のちょうや、仲間のちょうの、この会話をどう思いますか。自分の感想を付箋紙に書いてみましょう。

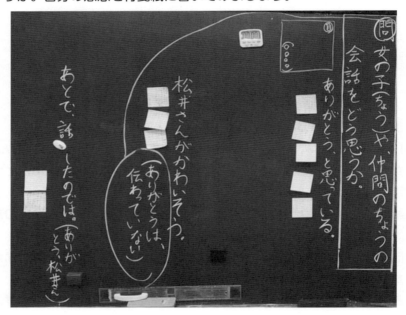

C　（女の子のちょうは、松井さんへの感謝をしているだろうと考えた意見）直接は書かれていませんが、「シャボン玉のはじけるような小さな小さな声」の中に「松井さん、ありがとう」って気持ちが入ってると思う。
C　（松井さんがかわいそうだと考えた意見）そうなのかなぁ。だって、何も書かれていないよ。ぼくは、松井さんにありがとうも伝えないで消えてしまったから、松井さんがかわいそうだな、と思いました。ひと言、「ありがとう」って言ってほしかったです。
C　ぼくも、そう思いました。松井さんは不思議がっているだけで、女の子のちょうから「ありがとう」の気持ちは伝わっていないと思います。

T　タクシーから消える前に、伝えるべきだった、ということ？
C　はい。だって、お金も払っていないわけだし…。
C　おもしろい。自分の感想とは違った見方ができるんだなぁ。
T　そうですね。作品の感想というのは、人によって、様々な見方があるのです。これが、物語文を友だち同士で読み合うことのおもしろさなのです。では、学習の振り返りを書いてみましょう。

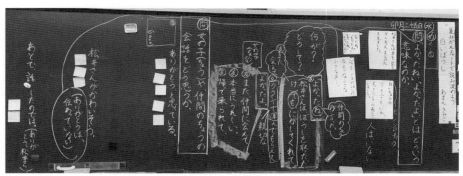

第6時の板書

●**第6時の振り返りの記述例**
・終わり場面があれば（作品の続きがあれば）、ありがとうと松井さんに言っていたと思う。
・ちょうちょは松井さんが親切だと思っているから親切な人なら「ありがとう」と言わなくても、ゆるしてくれると思っているのかな？
・今日の学習で、タクシーのまどが開いていたことが分かった。わけは、シャボン玉のはじけるような声は、まどが開いていないと聞こえないから。
・女の子のちょうちょは、松井さんに何か言いたいことがあったのかな？
・お話の内容の読みが深まってくると、あとばなし（お話の続き）が書きたくなってきた。
・女の子は、ちょうにへんしんしているところを松井さんに見られたくなかったんだと思う。
・自分と友達の感想のちがいがあるので、とても面白かった。

5　授業展開❷（第7時）

　前時までの学習を踏まえ，「夏みかんチャート」を書きます。本実践では，子供の中から「松井さんは親切だ」という気づきが多数出されたことを受け，タクシー体験，ちょうちょ体験に加え，親切にした・された体験についても自身の体験を踏まえて，作品全体の感想を書くことを助言しました。

T　さあ，これまでの学びを生かして，夏みかんチャートをもう一度書いてみましょう。まず，これまでのノートを振り返ってみましょう。
C　1回目の夏みかんチャートでは，作品の感想が不思議に思ったことが中心だった。

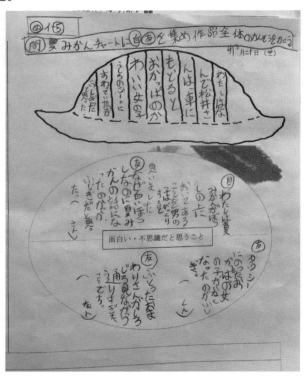

C 松井さんが、どんな思いで白いぼうしの中に夏みかんを入れたのかを話し合ったら、ちょうが飛び出して慌てて、男の子を驚かせたり、喜ばせたりしたい思いがあるのがわかったね。

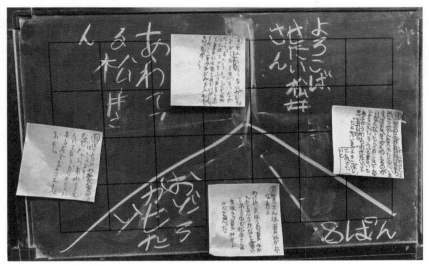

C 女の子はちょうちょなのか、証拠を探した学習もおもしろかったなぁ！

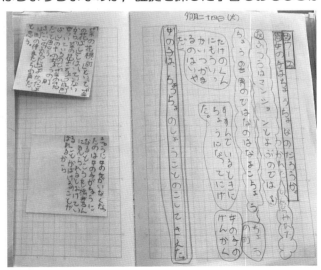

第2章 定番教材のパフォーマンス評価実践例 097

C　さあ，おもしろい・不思議だと思うことを班で話し合おう。

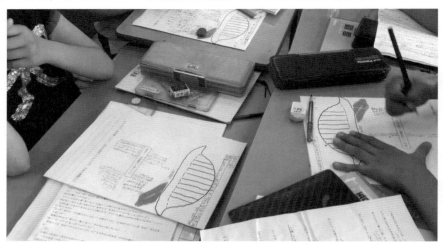

　友だちとの共通点や差異点に共感しながら感想を伝え合い，「白いぼうし」という作品の魅力を，再確認します。

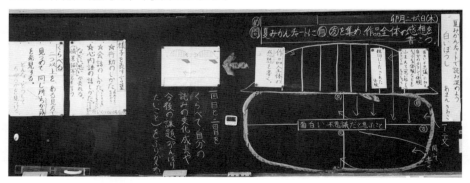

T　「夏みかんチャート」の白いぼうしの部分が書けたら，１回目と今日との違いを比べてみましょう。そして，自分の読みの変化を振り返りましょう。

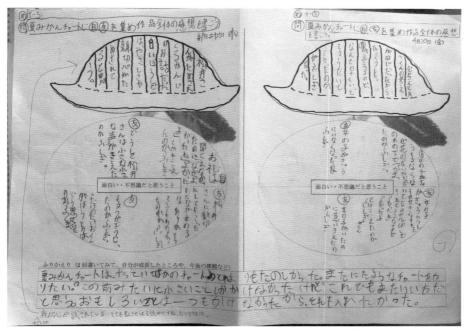

　ルーブリックで，◎となる子供の例。作品の精査・解釈を突き抜け，「親切心」や「やさしさ」について，考えの形成をしつつあります。

●１回目の感想文
　…なんで「早くいってちょうだい」と言ったのかがふしぎだった。

●２回目の感想文
　お礼は聞こえなかったのに，なぜ「よかったね」「よかったよ」は聞こえたのかがふしぎ。
　松井さんがためされてるかんじのお話だった。白いぼうしでは，やさしさや親切心がためされていると思う。

●ふりかえり
　夏みかんチャートは，やっていてほかのチャートのどれよりもたのしかった。また，にたようなチャートをやりたい。…

4年／花を見つける手がかり

「バタフライチャート」で読みをまとめよう！

1 単元計画（9時間）

次／時	学習活動	・指導／●評価
第1次 1時 〜 3時	1　「花を見つける手がかり」を読み，形式段落，意味段落，小見出しを確かめる。 2　「花を見つける手がかり」の内容を小集団で整理し，感想を「バタフライチャート」に書く。（1回目） 3　「バタフライチャート」（2回目）に向け，学習計画を立てる。	・形式段落…全15段落 ・意味段落…「始め・中一〜中三・終わり」の全5段落 ・小見出し…20文字程度の短い文で，体言止めをする。 ・「おもしろい・不思議だと思ったこと」「自分がもんしろちょうを見たときのことなどをふまえた全体の感想」を条件とする。 ・単元を通じためあてを確認する。 ●説明文「花を見つける手がかり」を楽しみ，内容を整理しながら読んでいる。（観察） ●叙述や経験を基にして，考えたことを書いている。（バタフライチャート）
第2次 4時	読みの課題（重要課題） 「もんしろちょうは，何を手がかりにして，花を見つけるのか」 1　本時のめあてをもつ。 2　小集団・集団で話し合い，課題解決を行う。 3　学習を振り返る。	・横書きで「予想・準備するもの・実験図・結果・結果から考えること」を整理する。 ・実験1の結果のみでは結論が出せないことを押さえる。 ●実験1の内容を項目ごとに整理し，実験を更に重ねる理由を理解している。（発言・ノート）

100

5時	読みの課題（重要課題） 「もんしろちょうは，色かにおいか，どちらを花を見つける手がかりにするのか」 1　本時のめあてをもつ。 2　小集団・集団で話し合い，課題解決を行う。 3　学習を振り返る。	・筆者がにおいのしないプラスチックの造花を扱った意図を考えさせる。 ●実験2の内容を項目ごとに整理し，造花を扱った理由を理解している。（発言・ノート）
6時	読みの課題（重要課題） 「もんしろちょうは，色と形のどちらを手がかりにするのか」 1　本時のめあてをもつ。 2　小集団・集団で話し合い，課題解決を行う。 3　学習を振り返る。	・赤い色紙に蜜をつけた理由は，もんしろちょうが赤色が見えていないのを確かめるためであったことに気づかせる。 ●実験3の内容を項目ごとに整理して，蜜をつけた意味について読み取ることができる。
7時	読みの課題（核心課題） 「4つの花にもんしろちょうがよく集まるのはなぜか」 1　本時のめあてをもつ。 2　小集団・集団で話し合い，課題解決を行う。 3　学習を振り返る。	・引用とは，本や文章の文，語句などをそのまま抜き出すことを指す。 ・引用する際は，「」をつける。 ●実験の結論を引用し，筋道立った文章を書いている。（ミニ黒板・ノート）
8時	1　「花を見つける手がかり」の内容を小集団で整理し，感想を「バタフライチャート」に書く。（2回目） 2　学習を振り返る。	・「おもしろい・不思議だと思ったこと」「自分がもんしろちょうを見たときのことなどをふまえた全体の感想」を条件とする。 ●叙述や経験を基にして，考えたことを書いている。（バタフライチャート）
9時	1　友だち同士で，バタフライチャートを読み合い，感想を交流する。 2　1回目と2回目の記述内容の変化を振り返る。	・自分自身の感想文の変容をどう捉えるか，1回目との違いを省察させる。 ●単元を通じた自分自身の学びについて振り返り，よりよく学ぶことについて考えている。（バタフライチャート）

第2章　定番教材のパフォーマンス評価実践例　101

2　パフォーマンス評価の概要

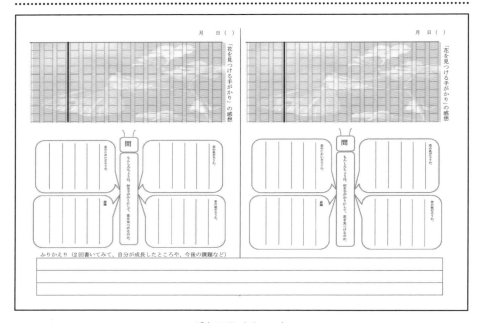

バタフライチャート

　「バタフライチャート」は，単元のはじめに書く要約と初発の感想（図の右側）と，学習計画を進めた後の要約と結びの感想（図の左側）を視覚的に一望できる構成のチャートです。ちょうちょの部分は「もんしろちょうは，何を手がかりにして，花を見つけるのか」という筆者の問いの答えを「花の色」「花の形」「花のにおい」「結論」の４枚の羽根に分けて書きます。マス目の部位に感想を書く部分があり，友だちと対話して記述します。このような構成にすることで，初発の感想を書いたころよりも，精査・解釈を深めた記述になることを子供が実感できるようになります。自分の要約と感想文の変化を振り返ることができるように，振り返り欄（図の下段）を用意します。
　「バタフライチャート」は，藤森裕治（2013）『すぐれた論理は美しい　Ｂマップ法でひらくことばの学び』（東洋館出版社）のＢマップ法から着想

を得ました。

> 　バタフライチャートを書きます。以下のじょうけんをまもって，書きましょう。
>
> 　じょうけん
> 　　●ちょうちょの部分は，友だちと協力しながら仕上げる。
> 　　●おもしろい・不思議だと思ったことは，自力で書く。
> 　　●ちょうちょを見たときの経験を踏まえて感想を書く。

　「花を見つける手がかり」は，一度の実験結果だけでは説明がしきれないことを受けて，続く2度の実験から結論を出す，筋道立った考え方を知ることができる作品です。もんしろちょうという身近な昆虫の意外な生活の仕組みを少しずつ探る楽しさや不思議さを友だちと共有することで，子供は知的好奇心を誘発されていきます。実験を3度行うため，実験結果から考えられることを3度考察していくので，経緯を整理しながら読む必要があります。そのため，ちょうちょの部分では，友だちとの協力を通じて整理することが望ましいです。さらに，自分がちょうちょを見たときの経験を想起して感想を書かせることで，説明文を理解するだけでなく，叙述を手がかりに，身の回りの物事への見方・考え方を改めることにもつながっていきます。

　このように，初発の感想を書かせる段階から，何についての感想を書くのかを教師が明示することは，その後の単元計画に有効に働きます。

【手順1】「バタフライチャート」を配付し，半分に折らせる。
　　　　　チャートの右側を書く。
【手順2】読み深めた後日，改めて説明文全体を通して読む。
【手順3】左側に【手順1】と同じ条件で結びの感想を書く。
【手順4】「バタフライチャート」を一望し，チャートの右側と左側を対比する。自分自身の変容を省察し，振り返り（図の下段）に書く。

第2章　定番教材のパフォーマンス評価実践例　103

3 パフォーマンス評価のルーブリック

	知識・技能	思考力・判断力・表現力等	主体的に学習に取り組む態度
◎	・実験結果と，結果から考えられることに気づいている。 ・実験結果から考えられることを一語一句，文章の通りに引用している。	・精査・解釈したことを基に，わかったことや疑問に思ったことを書いている。 ・自分がちょうちょを見た経験を説明文の内容と関連づけながら感想を書くことができている。 ・一人ひとりの感じ方によって違いや共通点があることに気づいている。	・叙述を基に想像したことを，意欲的に友だちと伝え合おうとしている。 ・友だちの感想と自分の感想との違いや共通点を見つけようとしている。
○	・実験結果と，結果から考えられることに概ね気づいている。 ・実験結果から考えられることを一語一句，文章の通りに引用している。	・わかったことや疑問に思ったことを書いている。 ・説明文の内容について感想を書くことができている。 ・一人ひとりの感じ方によって違いがあることに気づいている。	・叙述を基に想像したことを，友だちと伝え合おうとしている。 ・友だちの感想と自分の感想との違いを見つけようとしている。
△	・実験結果と，結果から考えられることに気づかず，引用をしていない。	・わかったことや疑問に思ったことを書いている。	・友だちと伝え合おうとしている。 ・友だちと自分の感想の違いに気づいていない。

4 授業展開❶（第7時）

説明文の理解を深める，読みの課題（核心課題*）を扱う授業です。

> **4つの花にもんしろちょうがよく集まるのはなぜか。**

T　ここに，だいこん・ダリア・きゅうり・菜の花の4つがありますが…，
　4つとももんしろちょうが集まるようです。
C　あれ？　ダリアって赤いよね…。
C　先生，昨日赤い色は見えないのを確かめましたよね。
T　何と書かれていましたか？
C　「むらさきや黄色は見つけやすく，赤は見えないらしいのです」
T　その通りですね。ここは引用できそうです。
C　あっ，ちょっと待って。ダリアの真ん中に黄色があった。
T　それなら，説明できそうですか？
C　はい…，え～っと…
T　では，書き出しの部分は全員で共通にしましょう。「むらさきや黄色は
　見つけやすく，赤は見えないらしいのです」を引用してみましょう。

　もんしろちょうが花を見つける手がかりについて，吉原順平は，日高敏隆
らの実験の結論を以下のように示しました。
　「むらさきや黄色は見つけやすく，赤は見えないらしいのです」
　書き出しの部分を整えたうえで，次のように発問します。

T　では，ここから先は班で協力して話し合って，4つの花にもんしろちょ

---

*説明文の核心課題は，文章の要点・要旨をより深く理解できることが必須です。文学的な文章と同様，前
　時までの重要課題で培った共通理解を基にした課題解決が求められます。

第2章　定番教材のパフォーマンス評価実践例　105

うがよく集まる理由を説明してみましょう。

だいこんからミニ黒板に記述する班
C まず，だいこんはむらさきと黄色があるから見つけやすい。
C むらさきいろと黄色なんて，この花，絶対に見やすいよね。
C むらさきも黄色も，もんしろちょうが見やすいもんね。
T そうですね。その通り。引用した部分が生かせていますね！

ダリアからミニ黒板に記述し始めた班
T ここは，ダリアからにしたんだ。
C ダリアは，もんしろちょうが集まらない。
T えっ，集まらないの？
C だって，花びらが赤いから…
C 違うよ。集まるよ。だって，おしべ・めしべが黄色いもん。
C ああ，そうか。だから，赤い色は見えないのにちょうが集まりやすいんだ。
T やっぱり，ダリアは集まりやすい花で大丈夫そう？
C はい…，まずダリアはめしべ・おしべが黄色だからもんしろちょうが集まる（ミニ黒板）。黄色を手がかりにして，花を見つける。
T ほう…，それでそれで。
C 次に…，菜の花ときゅうりの花は一緒に書いちゃおうか。
T どうして？

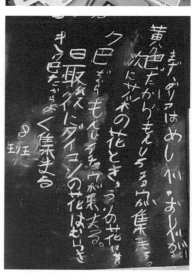

C　だって，どちらも花びらが黄色くて，筆者が言っていた見えやすい色だから。

T　確かにね。じゃあ，どう書きましょうか？

C　えーっと…，菜の花ときゅうりの花は，黄色だからもんしろちょうが集まる。

T　よさそうだ。もう少しだよ。がんばってね！

順位をつけた班

C　まず，だいこんはちょうが一番集まり，次に菜の花ときゅうりは二番に集まりやすい。最後にダリアは一番集まらないかもしれない。しかし，おしべ・めしべがあったら集まりやすい。

T　なるほど，だいこんは一番なのですか。そして，菜の花ときゅうりは二番。なぜ，そう言いきれるの？

C　だって，だいこんはむらさきと黄色があるので，一番だと思うからです。

T　本文にはそう書いてありますか？

C　えーっと…

T　もう一歩！　惜しいですね。「いちばん集まったのがむらさき，二番目が黄色」という文章がありますよ！
　　ここを引用すれば，完璧でしたね！

C　あーっ，しまった！

T　そして，この部分は色紙の実験結果ですので，そのまま４つの花について言いきるのはちょっと危険ですよね。順位をつけたいのなら，「一番集まるかもしれない」等と，可能性がある書き方をするといいでしょう。

5　授業展開❷（第8時，9時）

　前時までの学習を踏まえ，「バタフライチャート」を書きます。本実践では，子供の中からもんしろちょうが紫という，暗い色が見やすいのか，黄色はなぜ見やすいのか，等，多くの疑問が出されました。そこで，説明文全体の感想を書く際，疑問に思ったことを引用を交えながら書くことを助言しました。

T　さあ，これまでの学びを生かして，バタフライチャートをもう一度書いてみましょう。まず，これまでのノートを振り返ってみましょう。

C　みんなで話し合ってちょうちょの羽をかくのがおもしろかったね。

C　1回目のバタフライチャートではもんしろちょうが見やすい色について不思議に思ったことが中心だったね。

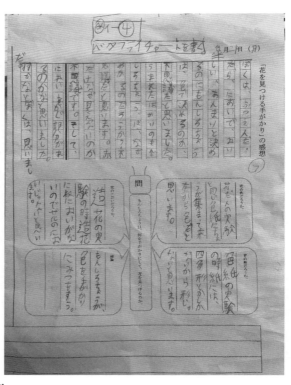

●第8時の振り返りの記述例
・もんしろちょうは色を手がかりにみつをすう。
・人だったらにおいでおいしい，あんまりと決めるのに，もんしろちょうは，

色で決めるのか。ふしぎ。

C　さあ，おもしろい・不思議だと思うことを班で話し合おう。

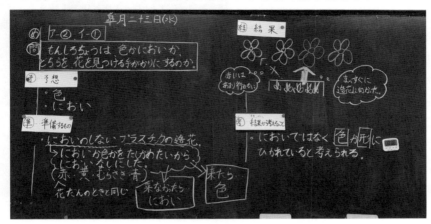

第5時の板書

C　理科のノートみたいに実験を整理するのはおもしろかったね。
C　ちょうちょの実験が本当にしてみたくなっちゃった。

第7時の板書

C　引用って，簡単なようで難しいよね。
C　そうそう。意味がある使い方をしないといけないんだってわかった。

第2章　定番教材のパフォーマンス評価実践例　　109

C　さあ，もう一回バタフライチャートを書いてみよう。

　説明文「花を見つける手がかり」の内容を改めて整理し合い，感想を書きます。2回目ともなると，話し合って考えるのは必要最低限となり，しんとして感想に集中する時間が長くなります。本実践では，1人で熟考する子供が続出したため，友だち同士で読み合い，自己成長を振り返る場を次時に持ち越しました。

翌日（第9時）
T　バタフライチャートを友だちと読み合いましょう。そして，自分の読みの変化を振り返りましょう。

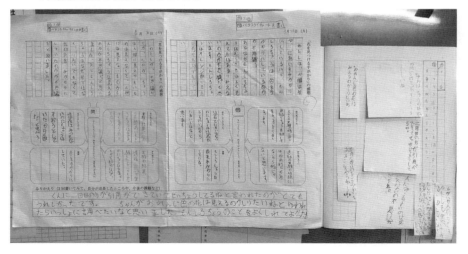

110

●1回目のちょうちょ部分「花の形だろうか。」の羽
　色紙の実験のとき，紙には四角形とかしかないから形じゃないと思います。

●2回目のちょうちょ部分「花の形だろうか。」の羽
　実験の結果，造花・色紙で実験したらにせものなのにちょうは集まっていたから形ではない。

●1回目の感想文
…人間は形や，においを手がかりにしているけど，もんしろちょうは，色を手がかりにしているのかが不思議…

●2回目の感想文
…ちょうは人間に見えやすいものは見えなくて，人間には見えないものがもんしろちょうは見えるのかが不思議だと思いました。…

　ルーブリックで，○となる子供の例です。作品の精査・解釈を通じて「花の形だろうか」の羽を，2つの実験の結果を踏まえた書き方で，形ではないことを表現できるように成長しています。また感想では，1回目は「色を手がかりにしていることが不思議だと思う」というように，本文と同じ疑問にとどまっていたのが，「人間に見えないものがもんしろちょうに見えるのか」と疑問を発展させている姿が成長しています。引用する際に「　」を使用する意識をもたせることで，より意図的に引用を用いた文章表現ができるようになります。

　付箋は，右のように，友だち同士で「バタフライチャート」を読み合った後，感想を伝え合うときに書いたものです。友だちに読まれることによって，より客観的で適切な自己評価を行えるようになります。

4年／一つの花

「コスモスチャート」で
読みを深めよう！

1 単元計画（9時間）

次／時	学習活動	・指導／●評価
第1次 1時 〜 3時	1　「一つの花」を読み，登場人物の人物関係図，場面分け，主な出来事を確かめる。 2　「一つの花」を読んだ感想を「コスモスチャート」に書く。（1回目） 3　「コスモスチャート」（2回目）に向け，学習計画を立てる。	・登場人物…ゆみ子，お父さん，お母さん ・場面分け…「時・場・人物・主な出来事」での場面分け。 ・「不思議だと思ったこと・心に残ったこと」「自分のお家でしてもらっていることと結びつける」「理由をくわしく書く」を条件とする。 ・単元を通じためあてを確認する。 ●物語文「一つの花」を興味をもちながら読んでいる。（観察） ●叙述を基にして，考えたことを書いている。（コスモスチャート）
第2次 4時	読みの課題（重要課題） 「お母さんとお父さんは，どんな思いでゆみ子を心配したのだろう」 1　本時のめあてをもつ。 2　小集団・集団で話し合い，課題解決を行う。 3　学習を振り返る。	・「なんてかわいそうな子でしょうね」「めちゃくちゃに高い高い」等，行動や会話文を踏まえて考えることを指導する。 ・父…「食べ物だけでなく喜びがもらえないのではないか」「しょうらいが心配だ」 　母…「『一つだけちょうだい』と言っても，もらえないものだってある」「大きくなっても言っていたらどうしよう」などと，父母がゆみ子の喜びや将来を心配している点を押さえる。 ●父母の会話や行動を踏まえ，想像したことを表現している。（発言・ワークシート）

5時	読みの課題　（重要課題） 「お母さんとお父さんの汽車を待つときにかくされた思いは何だろう」 1　本時のめあてをもつ。 2　小集団・集団で話し合い，課題解決を行う。 3　学習を振り返る。	・「…いいわねえ。お父ちゃん，兵隊ちゃんになるんだって。ばんざあいって……」「一つだけのお花，大事にするんだよう……」。の三点リーダに触れ，言いたい思いが隠されていることを押さえる。 ・対比をし，お父さんもお母さんも，最後かもしれない場に悲しい気持ちを秘めていることを押さえる。 ●お父さんとお母さんの思いを想像し，対比しながら考えたことを表現している。（発言・ワークシート）
6時	読みの課題（核心課題） 「お母さんとお父さんの，コスモスの花にかくされた思いは何だろう」 1　本時のめあてをもつ。 2　集団で話し合い，課題解決を行う。 3　学習を振り返る。	・「一つだけのお花，大事にするんだよう……。」「何も言わずに」「コスモスの花でいっぱい」「コスモスのトンネル」等，行動や心内語，会話文を踏まえて考えることを指導する。 ・対比をし，お父さんの願いをお母さんが繋いで，ゆみ子を大切に育てようとしていることを押さえる。 ●お父さんとお母さんの思いを想像し，対比しながら考えたことを表現している。（発言・ワークシート）
7時	読みの課題　（重要課題） 「終わり場面のゆみ子は，はじめ場面と比べてどのように成長したのだろう」 1　本時のめあてをもつ。 2　小集団・集団で話し合い，課題解決を行う。 3　学習を振り返る。	・「お肉とお魚と，どっちがいいの」は，「一つだけちょうだい」のころとどのように違うのかを考えさせる。 ・対比をし，「一つだけちょうだい」と言わなくなり，お肉とお魚から選べるようになったことや，お母さんのお手伝いをするようになった点等，行動や心内語，会話文を踏まえて考えることを指導する。 ●叙述を基にゆみ子の成長を対比をして，考えたことを表現している。（発言・ワークシート）
8時 〜 9時	1　「一つの花」を読んだ感想を「コスモスチャート」に書く。（2回目） 2　友だちと交流し，感想を伝え合う。 3　1回目と2回目の記述内容の変化を振り返る。	・「不思議だと思ったこと・心に残ったこと」「自分のお家でしてもらっていることと結びつける」「理由をくわしく書く」を条件とする。 ・自分自身の感想文の変容をどう捉えるか，1回目との違いを省察させる。 ●叙述を基にして，考えたことを書いている。（コスモスチャート）

第2章　定番教材のパフォーマンス評価実践例　113

2　パフォーマンス評価の概要

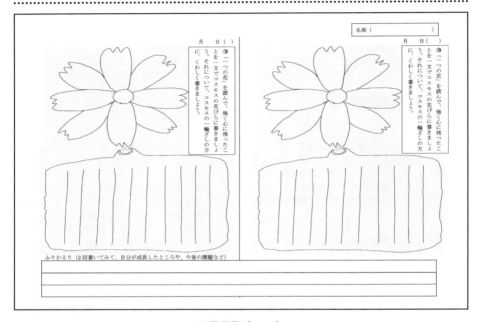

コスモスチャート

　「コスモスチャート」は，単元のはじめに書く初発の感想（図の右側）と，学習計画を進めた後，単元の終盤に書く結びの感想（図の左側）を視覚的に一望できる構成のチャートです。コスモスの部分は自分の感想と友だちの感想を花びら1枚1枚に1文で書く部分に分かれ，友だちと感想を交流する中で記述します。一輪挿しの部分には，自分の感想を詳しく書きます。このような構成にすることで，初発の感想を書いたころよりも作品に対する感想が精査・解釈を深めた記述になることを子供が対話を通じて実感できるようになります。自分の感想文の変化を振り返ることができるように，振り返り欄（図の下段）を用意してあります。

　「コスモスチャート」のパフォーマンス課題は，以下の通りです。

「一つの花」を読んで，強く心に残ったことを一文でコスモスの花びらに書きましょう。それについて，コスモスの一輪ざしの方にくわしく書きましょう。
じょうけん
　　●ふしぎ・心に残ったことを書く。
　　●理由をくわしく書く。
　　●自分のお家でしてもらっていることと結びつけて書く。

　「一つの花」は戦争時代を生き抜いた親子の秘められた思いを，叙述から想像する作品です。そのため，不思議だと思う出来事や，意図を読みかねる会話文・行動描写が心に残るものです。これを友だちと共有することで，子供は秘められた思いを「本当は，こう言いたかったんじゃないかな」などと想像を広げていきます。また，教師は子供が話し合いたい事柄をリアルタイムで把握することができます。自分が家でしてもらっていることを想起して感想を書かせることで，作品を読み味わうだけでなく，作品の言葉を手がかりに，身の回りの人や物事への見方・考え方を改めることにもつながっていきます。

　このように，初発の感想を書かせる段階から，何についての感想を書くのかを教師が明示することは，その後の単元計画に有効に働きます。

【手順1】「コスモスチャート」を配付した後，半分に折らせる。
　　　　　チャートの右側を書く。
【手順2】読み深めた後日，教師の範読・子供の黙読などを通じて，改めて，作品を全文通して読む。
【手順3】左側に【手順1】と同じ条件で結びの感想を書く。
【手順4】「コスモスチャート」を一望しチャートの右側と左側を対比する。自分自身の変容を省察し，振り返り（図の下段）に書く。

第2章　定番教材のパフォーマンス評価実践例　115

3 パフォーマンス評価のルーブリック

	知識・技能	思考力・判断力・表現力等	主体的に学習に取り組む態度
◎	・行動や会話文，心内語を各場面から見つけて，登場人物の秘められた思いを想像する根拠にしている。 ・見つけた叙述をあげて根拠にするだけでなく，対比したうえで言えることを書き表している。	・行動や会話文，心内語を精査・解釈したことを基に，具体的に想像できている。 ・自分の経験を作品の感想と関連づけながら書くことができている。 ・一人ひとりの感じ方によって違いや共通点があることに気づいている。	・叙述を基に想像したことを，意欲的に友だちと伝え合おうとしている。 ・友だちの表現から，行動や会話文，心内語を精査・解釈し，進んで想像しようとしている。
○	・行動や会話文，心内語を一場面から見つけて，感想の根拠にしている。 ・見つけた叙述を対比し，感想の根拠にしている。	・行動や会話文，心内語への解釈を基に，想像できている。 ・自分の経験を作品の感想の中で書くことができている。 ・一人ひとりの感じ方によって違いがあることに気づいている。	・叙述を基に想像したことを，友だちと伝え合おうとしている。 ・友だちの表現から，行動や会話文，心内語を精査・解釈し，想像しようとしている。
△	・行動や会話文，心内語を感想文の根拠にしていない。	・行動や会話文，心内語への解釈を示さない。 ・自分の経験を作品の感想の中で書いていない。	・友だちと伝え合おうとしている。 ・行動や会話文，心内語を踏まえずに想像している。

4　授業展開❶（第5時）

作品に対する感想を深める「読みの課題」を扱う授業です。

> お母さんとお父さんの汽車を待つときにかくされた思いは何だろう。

お母さん側の思い

T　お母さんは、どんな気持ちを隠していたのでしょう？

C　お父さんのためのおにぎりだから、ゆみ子には、本当はおにぎりをあげたくなかったと思います。
　でも、泣くから…（ゆみ子にいらだつ様子）

T　文のどこから考えたの？
C　（黒板前へ）「ゆみ子の泣き顔を見せたくなかったのでしょうか」のところ。
C　私は、お父さんに戦争に行ってほしくないと思っていたと思います。
T　えぇっ、どうして？　「ゆみちゃん、いいわねえ」って言っていますよ。うれしいことではないのですか？
C　だって、もう会えなくなるから。本当はうれしくないのに、うそをついているんだと思います。

第2章　定番教材のパフォーマンス評価実践例　117

お父さん側の思い

T　お父さんは小さくばんざいをしていますね。お父さんはうれしそうです。
C　ぼくは，うれしくてばんざいをしているのではないと思います。「まるで，戦争になんか行く人ではないかのように……」と書いてあるから。
C　私は，お父さんは「戦争に行きたくない」って思っているんだと思います。行きたくないから，「行く人ではない」ようにしたと思う。
T　なるほど。お父さんは，「戦争に行きたくない」と思っているんだ。
C　悲しみをまぎらわせたかったんじゃないかなぁ。もう会えないんだもん。
…
T　では，「みんなおやりよ，母さん。おにぎりを……」には，どういう思いが隠されているだろう。
C　自分もゆみ子の泣き顔を見たくなかったんだと思います。
C　ぼくも，ゆみ子が満足するなら，自分の分のおにぎりはいらないって思ったんじゃないかなぁと考えました。

　この場面を全体で精査・解釈したうえで，次のように発問を出します。

T　みなさん，お父さんとお母さんの思いを対比してみましょう。どんなことが言えそうでしょうか。班で話し合ってみましょう。

C　やっぱり，お父さんとお母さん，同じことを考えているんじゃない？だってさ，お父さんは戦争に行きたくないし，お母さんは戦争に行かせ

たくないでしょう。
C　あとさ，ゆみ子の泣き顔を見たくないし，見せたくないんじゃないの？
C　ああ，確かに！　2人ともやっぱり，同じような思いだったんだね。

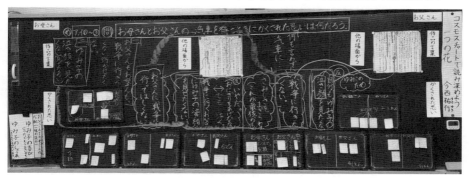

第5時の板書

●第5時の振り返りの記述例

・お母さん，お父さんは，同じことを思ってる。まだ共通点が「……」のところにあると思う。
・お母さんとお父さんの考えていることは，作者がわざと同じにしたと思う。
・やっぱり，二人とも（お父さんもお母さんも）戦争に行きたくないし，行かせたくなかったんだ！
・お母さんは「ゆみちゃん，いいわねぇ」なんて，なぜ，そんなことを言ったのか。
・お父さん，大事なおにぎりを本当にあげてしまって，よかったのだろうか。
・ゆみ子のお父さんは，どれだけえらいかゆみ子にはまだわからないけど，10年後にはよくわかると思う。かわいそう。

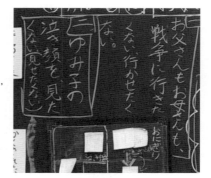

対比した結果見えたこと（板書拡大）

5　授業展開❷（第8時）

　前時までの学習を踏まえ，「コスモスチャート」を書きます。作品の感想にはお家でしてもらっていることと結びつけながら作品全体の感想を書くことを改めて強調しました。

T　さあ，これまでの学びを生かして，コスモスチャートをもう一度書いてみましょう。まず，これまでのノートを振り返ってみましょう。

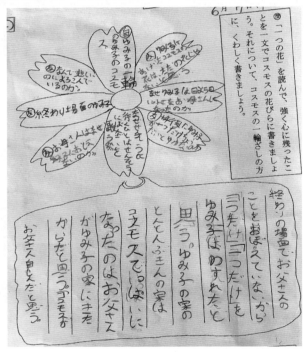

C　1回目のコスモスチャートで，コスモスがお父さん自身だと思うって書いた。あのときは友だちにはあまりわかってもらえない感じだったな。
C　お母さんとお父さんの心配を考えたら，2人とも，ゆみ子に同じことを思っていることがわかった。

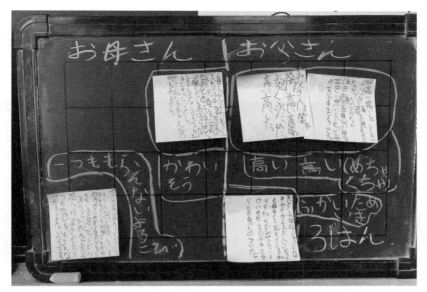

C　汽車を待っているときのお母さんとお父さんも，ゆみ子の泣き顔を見たくないし，戦争に行きたくない（行かせたくない）って思っていた。

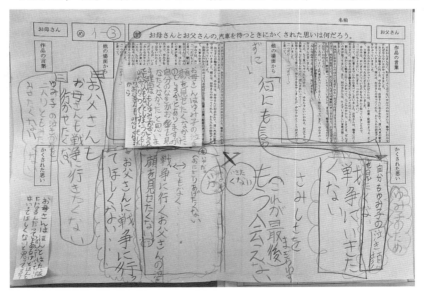

T　1つめの花びらには自分の感想を一文で書きましょう。それ以外の花びらは、友だちと読み合いをして、友だちの花びらを書き写させてもらいましょう。これまでの学習で書いたワークシートや、「ふりかえり」に書いたことを引用して書くと、感想が深まりますよ。

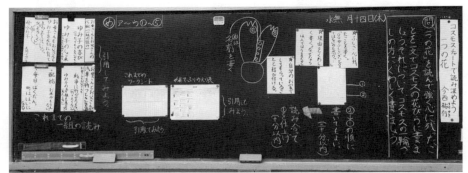

まず、自力で書きます。
　次に、書いたことを友だちと読み合い、花びら1枚を写します。友だちとの共通点や差異点に、共感しながら感想文を読む中で、コスモスの花びらが少しずつ完成していきます。

T　コスモスチャートの、1回目と2回目の違いを比べましょう。そして、自分の読みの変化を振り返りましょう。

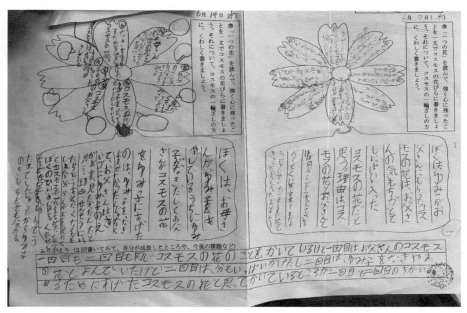

　ルーブリックで◎となる子供の例。精査・解釈をしたうえで，家族について，考えの形成をしつつあります。コスモスチャートの条件「お家でしてもらっていること」は，家族のかかわりを考えさせることを意図したものです。

● 1回目の感想文（一輪挿しの部分）
　ぼくは，ゆみこがお父さんにもらったコスモスの花は，お父さんの気もちがとてもいっぱい入ったコスモスの花だと思う。…

● 2回目の感想文（一輪挿しの部分）
　お父さんがコスモスの花をゆみ子にあげたのは，ゆみ子を，泣きやませたかったんじゃなくて，お父さんは，さいごにゆみ子のえがおを，見たかったんだと思う。…ぼくのひいおじいちゃんもせんそうで左足をじゅうでうたれてしんじゃったからゆみ子のきもちがとても分かる。

第2章　定番教材のパフォーマンス評価実践例　123

4年／ごんぎつね

１人１分間の「ごんぎつねスピーチ」で 読みを伝えよう！

1　単元計画（10時間）

次／時	学習活動	・指導／●評価
第１次 １時 〜 ４時	1　「ごんぎつね」を読み，登場人物の人物関係図，場面分け，主な出来事を確かめる。 2　「ごんぎつね」を読んだ感想を「ごんぎつねスピーチチャート」に書く。 　　班で１人１分間の「ごんぎつねスピーチ」を行う。（１回目） 3　１人１分間の「ごんぎつねスピーチ」（２回目）に向け，学習計画を立てる。	・登場人物…ごん，兵十，加助 ・場面分け…「時・場・人物・主な出来事」での場面分け。 ・強く心に残ったこと，その説明，心に残った情景描写を書くことを押さえる。 ・単元を通じためあてを確認する。 ●情景描写と結びつけながら，「ごんぎつねスピーチチャート」に進んで感想を書いている。（観察・ごんぎつねスピーチチャート）
第２次 ５時	読みの課題（重要課題） 「ごんがいたずらばかりをするのはどんな理由があるからだろう」 1　本時のめあてをもつ。 2　小集団・集団で話し合い，課題解決を行う。 3　学習を振り返る。	・作品の言葉を根拠に，会話文や行動の中に秘められた思いを整理することを押さえる。 ・ごんの境遇として，親がいないこと，重大ないたずらをして村人との関係が悪い状況であることを押さえる。 ●ごんがいたずらをする理由を，その境遇から想像し，表現している。（観察・ノート）
６時	読みの課題（重要課題） 「ごんがくりや松たけを毎日届けたのは，どんな理由があるからだろう」 1　本時のめあてをもつ。 2　小集団・集団で話し合い，課題解決を行う。	・「おれと同じ，ひとりぼっちの兵十か」「いわし→くり→松たけ」「つぐない」を提示し，解決の糸口とさせる。 ・いたずら相手だったのが，ひとりぼっちになった兵十がかわいそうになり，

124

	3　学習を振り返る。	くりや松たけを届け続けるようになったことを押さえる。 ●つぐないを続けるごんの思いを複数の叙述を基に想像し，考えたことを表現している。（観察・ノート）
7時	読みの課題（重要課題） 「引き合わない思いをした明くる日，ごんは，どんな思いでくりを届けたのだろう」 1　本時のめあてをもつ。 2　集団で話し合い，課題解決を行う。 3　学習を振り返る。	・「神様にお礼を言うんじゃあ，俺は引き合わないなあ」「こっそり中へ入りました」「土間にくりがかためて置いてある」を提示し，これまでのごんとは異なる行動をした点を解決の糸口とさせる。 ・自分のしていることを兵十に気づいてほしい思いがある点を押さえる。 ●引き合わない思いを乗り越えたごんの思いを複数の叙述から想像し，表現している。（観察・ノート）
8時	読みの課題（核心課題） 「つぐないの品を置き続けた結果，ごんがうたれたことをどう思うか」 1　本時のめあてをもつ。 2　小集団・集団で話し合い，課題解決を行う。 3　学習を振り返る。	・予習課題（うたれたごんの気持ち）（うった兵十の気持ち）を交流し，読みを集約する。 ・前時に押さえた，ごんの「つぐないたい→つぐないに気づいてほしい」と兵十の「うなぎをぬすみやがったごんぎつねめ→すまないことをした」を対比させ，解決の糸口とさせる。 ●複数の叙述を基にして登場人物の気持ちの変化を対比して想像し，自分の考えを表現している。（観察・ノート）
9時 〜 10時	1　これまでの学習を振り返り，「ごんぎつね」の感想を「ごんぎつねスピーチチャート」に書く。（2回目） 2　1人1分間の「ごんぎつねスピーチ大会」を行う。 3　1回目と2回目の記述内容の変化を振り返る。	・1回目と同様，感想を書く際，強く心に残ったこと，その説明，心に残った情景描写を書くことを押さえる。 ・友だちと自分の感想の共通点や違いを見つけることを押さえる。 ●情景描写と結びつけながら，「ごんぎつねスピーチチャート」に進んで感想を書いている。 ●単元を通じた自分自身や友だちの学び方のよさに気がついている。（ごんぎつねスピーチチャート）

第2章　定番教材のパフォーマンス評価実践例　125

2 パフォーマンス評価の概要

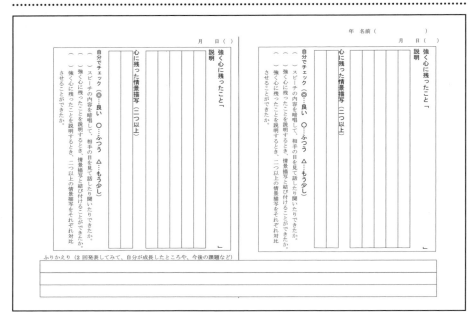

ごんぎつねスピーチチャート

　「ごんぎつねスピーチチャート」は，単元のはじめに書く初発の感想（図の右側）と，学習計画を進めた後，単元の終盤に書く，結びの感想（図の左側）を視覚的に一望できる構成のチャートです。「強く心に残ったこと」「説明」の部分は自分の感想を端的に表し，これを説明するものとなります。「心に残った情景描写」は，自分の感想にかかわりのある情景描写を取り出し，これを１分間スピーチで伝えます。子供は，スピーチを通じて，情景描写と感想を結びつけて感想を表現できたことを実感します。また，自分の変化を振り返ることができるように，振り返り欄（図の下段）を用意してあります。

　「ごんぎつねスピーチチャート」のパフォーマンス課題は，以下の通りで

す。

> 1分間の「ごんぎつねスピーチ」をしよう。
> じょうけん
> ●作品の感想（強く心に残ったこと）と，情景描写を2つ以上書く。
> ●情景描写は，短冊にも書いておく。
> ●班で1分ずつ交代して伝え合う。

　「ごんぎつね」は，優れた情景描写から登場人物の思いを想像することに
価値のある作品です。「赤いさつまいもみたいな元気な顔」「くりがかためて
置いてある」「青いけむり」等，情景を表す書きぶりに，登場人物の心情の
変化や場面の様子を想像させていきましょう。そのために，読み手の子供が
感想を書く際，自分の感想にかかわりの強い情景描写を特定できるようにさ
せていきます。1つの情景描写だけではなく，2つ以上あげることで，複数
の叙述同士を対比させて，想像したことを表現する力を身につけられます。

【手順1】「ごんぎつねスピーチチャート」を半分に折ってチャートの右側を
　　　　　書き，生活班の中で1分間スピーチを行う。
【手順2】読み深めた後日，教師の範読・子供の黙読などを通じて，改めて
　　　　　作品を全文通して読み，チャートの左側に【手順1】と同じ条件
　　　　　で結びの感想を書く。短冊に，心に残った情景描写を書く。
【手順3】書いた事柄をスピーチメモとし，クラス全体の場で，1人1分間
　　　　　の「ごんぎつねスピーチ」をする。
【手順4】「ごんぎつねスピーチチャート」を一望し，図の右側と左側を対比
　　　　　する。自分自身の変容を省察し，振り返り（図の下段）を書く。

3 パフォーマンス評価のルーブリック

	知識・技能	思考力・判断力・表現力等	主体的に学習に取り組む態度
◎	・叙述の中から複数の情景描写や心内語を見つけることができる。 ・見つけた叙述同士を対比したうえで言えることを根拠に感想を表現している。	・複数の情景描写や心内語を手がかりに，登場人物の心情の移り変わりを具体的に想像できている。 ・登場人物の心情の移り変わりを作品の感想と関連づけながら表現できている。 ・一人ひとりの感じ方によって違いや共通点があることに気づいている。	・叙述を基に想像したことを，意欲的に友だちと伝え合おうとしている。 ・複数の情景描写を精査・解釈したことを進んで表現しようとしている。
○	・叙述の中から複数の情景描写を見つけることができる。 ・見つけた叙述同士を対比し，感想を表現している。	・複数の情景描写を手がかりに，登場人物の心情の移り変わりを想像できている。 ・登場人物の心情の移り変わりについての感想を表現できている。 ・一人ひとりの感じ方によって違いや共通点があることに気づいている。	・叙述を基に想像したことを，友だちと伝え合おうとしている。 ・複数の情景描写を精査・解釈したことを，表現しようとしている。
△	・叙述の中から1つだけ情景描写を見つけることができる。 ・見つけた叙述を根拠に感想を表現している。	・1つの情景描写を手がかりに，登場人物の心情を想像できている。 ・登場人物の心情についての感想を表現できている。 ・一人ひとりの感じ方によって違いや共通点があることに気づいている。	・叙述を基に想像したことを，友だちと伝え合おうとしない。 ・複数の情景描写を精査・解釈したことを，表現しようとしない。

4　授業展開❶（第8時）

　作品に対する感想を深める，第8時の「読みの課題（核心課題）」を追究する場面です。
　本実践では，この核心課題に向かうために，まず，登場人物「兵十」と「ごん」の心情を想像するところから学習を始めました。予習を行い，自分が担当する側の登場人物の心情を，クラス全体で共有しました。

お母さん側の思い

T　うった兵十は，どんな気持ちだったのでしょう？
C　いたずらをしていたはずのごんがくりを置いていたのに気がついて，びっくりしたと思います。

T　文のどこから考えたの？
C　うつ前は「こないだ，うなぎをぬすみやがったあのごんぎつねめが」って書いてあって，怒っていたのに，「ごん，おまえだったのか。いつも，くりをくれたのは」って書いてあるから，急にわかって，びっくりしたんだと思います。
C　ぼくは，「いったいどうしてごんをうっちゃったんだろう。神様じゃなかったのか…」と思ったんだと思います。だって，前の場面で，くりや松たけをくれたのは神様だ，という話を加助としていたから，そうじゃなかったんだって，わかったと思うからです。
C　ぼくは，「ごん，ごめん…」って思ったと思います。火縄じゅうをばたりと落としたから，後悔しているんじゃないかなと思うからです。
T　「ばたり」か…，情景描写から考えているのがすばらしいですね。情景

第2章　定番教材のパフォーマンス評価実践例　129

描写,という点から言うと,1回目の「ごんぎつねスピーチ」をしたとき,「青いけむり」という言葉を紹介している子が多かったですね。この「青」から,兵十のどんな思いが想像できますか？
C （葬式の）お線香…。
C 悲しさ。
C 後悔の気持ち。

ごんの心情
T では,うたれたごんはどんな気持ちだったのでしょう。

C 気づいてほしいと思っていたから,「うたれちゃったけれど,ありがとう」って思っていたと思います。
T どの情景描写から,そう読めたの？
C 「ごんは,ぐったりとうなずきました」って書いてあって,うなずいたっていうことは,無視をしていないから,きっと,ありがとうとか満足だっていう気持ちがあったと思います。
T ○○さん,すごい…！「AではなくBだから」という言葉の見方をしていますね！　驚きました。
C ぼくは,これもつぐないの1つだって,考えていたと思います。だって,自分のせいで兵十のおっかあのうなぎを食べさせてやれなかったって反

省していたから。ごんはうたれたことも，自分のせいだって，思っていたんだと思います。こうなることは，覚悟していたんだと思います。
T　おお…○○さん，とんでもないことを想像するなぁ…。みんな，ちょっと，ごんになって，ぐったりと目をつぶったまま，うなずいてみよう。ごんになって，想像できることがあるかもしれない。

核心課題

> つぐないの品を置き続けた結果，ごんがうたれたことをどう思うか。

T　さあ，兵十とごん，それぞれの気持ちを想像したうえで考えてみよう。みなさんは，つぐないの品を置き続けた結果，ごんがうたれたことをどう思いますか？　自分の感想を表現しましょう。
C　ぼくは，自分の命を投げ捨てるなんて，自分だったらできないです。いくらつぐないだったからと言ったって，うたれてもいいなんて，思えません。
C　わたしは，どんどん親切になっていったのに，最後にうたれてしまったごんがかわいそうです。
T　変わっていったのに，うたれたところがかわいそうなのですね。

第2章　定番教材のパフォーマンス評価実践例　131

C ぼくは，うたれたことは悲しいけれど，でもごんはうれしいと思います。だって，ずっと兵十に気がついてもらいたかったんだから。
T おぉ，○○さん，読み方が変わったんだね。かわいそう，だけではない読み方になったのですね。…

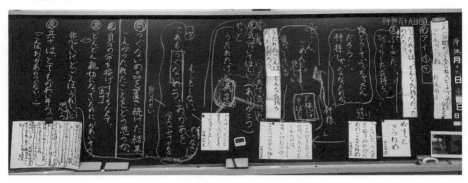

第8時の板書

●第8時の振り返り記述例

・わたしが兵十だったら，ごんをころさないで，何をやっているの，と一言聞いていたと思う。
・ごんは，うれしい気持ちや満足な気持ちなのが分かった。
・みんなの前できんちょうしたけど，ふせんに書いたことを言えてよかった。
・兵十は，色々な気持ちがいっぺんにきたと思った。
・ぼくだったら，火縄じゅうじゃなくて，縄でしばって，つかまえたと思う。そうしたら，ごんをうたないですんだと思うから。

　学習の振り返りでも，核心課題を表現し続けていく子供の姿が見られました。こうした表現の積み重ねが，2回目の「ごんぎつねスピーチ」へとつながっていくことになります。『小学校学習指導要領解説　国語編』（平成29年告示版）に示される「精査・解釈」と「考えの形成」が行き来していきます。

5　授業展開❷（第9時，10時）

　前時までの学習を踏まえ，ごんぎつねスピーチチャートを書きます。ごんの気持ちの移り変わりを踏まえることと，そのことが表れている情景描写をあげることを強調しました。

T　さあ，これまでの学びを生かして，「ごんぎつねスピーチチャート」をもう一度書いてみましょう。まず，これまでの学習を振り返ってみましょう。みなさんが心に残っていることは，どんなことですか？
C　1回目のときは，情景描写に登場人物の心情が表れていることがよくわかっていなかったことです。
C　とりあえず情景描写をあげてみただけだったから，自分の言いたいことがまとまっていないスピーチでした。
C　ごんがいわしからくりや松たけを届けるようになったときに，ごんが人からとらないようになったことに気がつきました。
T　これまでのノートを見ると，ごんが少しずつ気持ちが移り変わっていることや，そのことに対する自分の考えが確認できると思います。読み返してヒントにしながら，自分の考えをまとめてみましょう。そして，情景描写と結びつけて説明してみましょう。

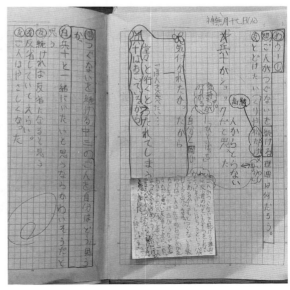

第2章　定番教材のパフォーマンス評価実践例　133

T 短冊に書いた情景描写をあげながら、強く心に残ったことをスピーチしましょう。
C 私は、ごんが優しいところが強く心に残りました。なぜなら、ごんはいたずらで悪いことをしているけれど、兵十のおっかあが死んでからは、ごんはくりや松たけを毎日あげているからです。…
T ○○さんは「持ってきてやりました」の部分に、ごんのやさしさを読んだのですね。…
T 1回目と2回目の自分の「ごんぎつねスピーチチャート」を比べましょう。そして、自分の成長を振り返りましょう。

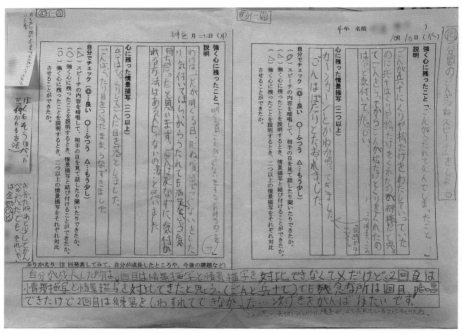

　ルーブリックで◎となる子供の例。「兵十はびっくりして、ごんに目を落としました」「ごんはぐったり目をつぶったまま、うなずきました」を対比して、ごんは気づいてもらえて満足だっただろう、と読んでいます。

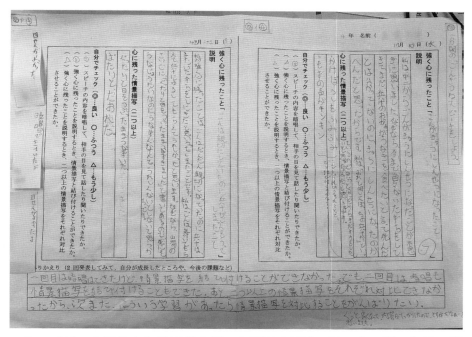

　ルーブリックで◎となる子供の例。１回目の記述では，心に残った情景描写と強く心に残ったことが特に結びつきませんでしたが，２回目の記述では，うたれたごんの気持ちが表れた情景描写をあげることができました。

●１回目
強く心に残ったこと
　ごんがきゅうに親切になったことが，不思議に思いました。…
心に残った情景描写
　かげぼうしをふみふみ，もずの声がキンキン

●２回目
強く心に残ったこと
　ごんは親切にしていたのに，兵十がごんをうってしまったこと。…
心に残った情景描写
　ぐったりと目をつぶったままうなずいた，ばたりとたおれた

第２章　定番教材のパフォーマンス評価実践例　135

【著者紹介】
藤原　隆博（ふじわら　たかひろ）
1980年静岡県静岡市生まれ。東京学芸大学教職大学院教育学研究科教育実践創成専攻修了。東京都江戸川区立船堀第二小学校指導教諭。教育出版国語教科書編集委員。「夢」の国語授業研究会幹事。平成28年度，江戸川区教育委員会より「授業の達人」認定。
本書の感想等はこちらまで。
✉ fujiwara_noru@hotmail.com

※執筆協力…武田佳寿実（たけだ　かすみ）
　　　　　東京都北区立王子小学校教諭
　　　　　『「たんぽぽの不思議」を伝え合おう！（２年／たんぽぽ）及び『音読・感想名人になろう！』（２年／お手紙）を実践

単元計画からルーブリックまですべてわかる！
小学校国語のパフォーマンス評価

2019年３月初版第１刷刊	Ⓒ著　者	藤　原　隆　博
	発行者	藤　原　光　政
	発行所	明治図書出版株式会社

http://www.meijitosho.co.jp
（企画）矢口郁雄（校正）大内奈々子
〒114-0023　東京都北区滝野川7-46-1
振替00160-5-151318　電話03(5907)6701
ご注文窓口　電話03(5907)6668

＊検印省略　　　組版所　株式会社木元省美堂

本書の無断コピーは，著作権・出版権にふれます。ご注意ください。

Printed in Japan　　　　ISBN978-4-18-237425-8
もれなくクーポンがもらえる！読者アンケートはこちらから →